Georg Eckert

WIE ICH LERNTE, DEN CRASH ZU LIEBEN

25 Investmentempfehlungen

FBV

Bibliografische Information der Deutschen Nationalbibliothek

Die Deutsche Nationalbibliothek verzeichnet diese Publikation in der Deutschen Nationalbibliografie. Detaillierte bibliografische Daten sind im Internet über **http://dnb.d-nb.de** abrufbar.

Für Fragen und Anregungen:
info@finanzbuchverlag.de

Originalausgabe, 1. Auflage 2021

Die im Buch veröffentlichten Ratschläge wurden von Verfasser und Verlag sorgfältig erarbeitet und geprüft. Eine Garantie kann dennoch nicht übernommen werden. Ebenso ist die Haftung des Verfassers beziehungsweise Verlages und seiner Beauftragten für Personen-, Sach- und Vermögensschäden ausgeschlossen. Hinweis auf Interessenkonflikte: Der Autor dieses Buches hält Aktien, die in in diesem Buch angesprochen sind. Da es sich fast durchweg um Large-Caps handelt, sind kursverändernde Auswirkungen durch den Text nicht zu erwarten beziehungsweise vernachlässigbar, aber gleichwohl möglich. Dieses Buch dient nur zu Informationszwecken und zur Nutzung durch den Empfänger. Es stellt weder ein Angebot noch eine Aufforderung seitens des Autors zum Kauf oder Verkauf von Wertpapieren oder Investmentfonds dar. In diesem Buch geht es um Wertpapiere deren Wert schwanken kann bis zu einem Verlust des eingesetzten Kapitals. Historische Renditen bieten keine Garantie für zukünftige Renditen. Die gelieferten Informationen sind zu keiner Zeit als Anlageempfehlung im Sinne des Wertpapierhandelsgesetzes anzusehen – sie entsprechen vielmehr den persönlichen Ansichten des Autors.

Redaktion: Judith Engst
Korrektorat: Anne Horsten
Umschlaggestaltung: Marc-Torben Fischer, München
Umschlagabbildung: shutterstock.com/Video Media Studio Europe
Satz: ZeroSoft, Timisoara
Druck: CPI books GmbH, Leck
Printed in Germany

ISBN Print 978-3-95972-401-2
ISBN E-Book (PDF) 978-3-96092-745-7
ISBN E-Book (EPUB, Mobi) 978-3-96092-746-4

Es ist selten ein Fehler,
während eines Crashs zu investieren.

Es ist oft falsch, in einer Börseneuphorie zu kaufen.

Gewidmet meiner Familie und insbesondere meinen beiden Söhnen mit ihren Partnern sowie meinen Börsenfreunden(innen) Beate Sander, Peter, Simone und Matthias.

Durch intensive Diskussionen wurden Erkenntnisse treffsicherer.

Inhalt

Vorwort

Seit 50 Jahren investiere ich im Aktienbereich. Freimütig kann ich einräumen, dass mich diese Tätigkeit wohlhabender gemacht hat als mein eigentlicher Beruf (Augenarzt), den ich immer noch ausübe, weil ich ihn hochinteressant finde. Im Alter von etwa 17 Jahren habe ich den Lohn meiner Ferienarbeit in die Aktien von Nestlé und BASF investiert, halte diese bis heute und habe das nie bereut.

In den vergangenen 50 Jahren habe ich so ziemlich alles erlebt, was der Markt hergibt, und oft genug bin ich erwischt worden vom GD, dem »Großen Demütiger«, dem Markt, wie das der US-Analyst und Börsenautor Ken Fisher so schön ausdrückt.

Warum schreibe ich dieses Buch? Ich schreibe es deshalb, weil ich die Finanzliteratur ziemlich gut überblicke. Daraus ziehe ich die Konsequenz, dass vieles überflüssig, manches falsch und einiges beim besten Willen nicht zu gebrauchen ist: Wenn meine Kinder (jetzt 38 und 40 Jahre alt) »Anlagebedarf« anmelden, dann hätte ich verspielt, wenn ich mit irgendwelchen verschwurbelten volkswirtschaftlichen Theorien anrücken würde. Hier ist im Gegenteil eine klare Ansage gefragt, sonst ist man bald nicht mehr »im Spiel«.

Auch bei den unendlich vielen Theorien und Strategien muss etwas aufgeräumt werden. Im Wesentlichen geht es darum, entweder eine konzentrierte oder diversifizierte Strategie zu fahren. Dazu habe ich ebenfalls eine sehr klare Meinung: Es gibt Menschen, die mit einer einzigen Aktie reich geworden sind. Jeff Bezos und Bill Gates gehören dazu. Allerdings sind beide zwar auch durch ihre Aktienbeteiligungen reich geworden, in erster Linie aber durch die erfolgreichen Unternehmen, die sie gegründet haben. Dasselbe gilt für die Quandt-Familie, die durch BMW reich geworden ist.

Ein hervorragender Investor ist Warren Buffett – das brauche ich nicht weiter auszuführen. Legendär sein Spruch: »Es ist einfacher, eine einzige Frau gut zu kennen, als einen ganzen Harem.« Er schwört auf ein konzentriertes Portfolio und hat zumeist recht damit, weil er in der Lage und willens ist, ein Geschäft ziemlich genau zu durchleuchten. Das Wort »zumeist« kommt daher, weil auch Warren Buffett nicht unfehlbar ist – das zeigt seine Beteiligung an Kraft Heinz.

Von den oben genannten Persönlichkeiten lesen wir sehr viel. Wir lesen dagegen kaum etwas von der viel größeren Anzahl von »Playern«, die ebenfalls auf ein einziges Unternehmen gesetzt haben und damit eben Pech hatten. Hier lässt sich eine verzerrte Wahrnehmung und eine einseitige Berichterstattung feststellen.

Wenn Sie sich – wie ich auch – nicht in der Lage sehen, unendlich viel Zeit in das Lesen von Geschäftsberichten zu investieren, obwohl das sehr ratsam ist, dann ist eine diversifizierende Strategie ratsamer: Peter Lynch hielt während seiner

Investorentätigkeit mehr als 100 Firmen gleichzeitig und zeigt eine gute Performance, die mit der von Warren Buffett vergleichbar ist.

Mit einigen Überlegungen kann man sich sehr viel Zeit und Geld sparen. So lassen sich einige katastrophale Fehler vermeiden. Dazu gehört zum Beispiel, während eines Crashs zu verkaufen, einem neuen Trend aufzusitzen oder in bereits überteuerte Aktien wie seinerzeit in den Neuen Markt oder heute in Künstliche Intelligenz zu investieren.

Eine breite Diversifikation schützt oder mindert solche Fehler, und wenn dies mit langer Haltedauer gepaart ist, ist das fast schon ein Freifahrtschein zum Wohlstand.

Um erfolgreich zu investieren, braucht man einige gut funktionierende Rezepte, die aber oft nicht einfach durchzuhalten sind. Das ist etwa so, wie wenn Sie einem Teenager Enthaltsamkeit predigen: Das ist zwar ein einfaches Rezept, aber in der Durchführung manchmal schlicht nicht möglich.

An den Märkten gibt es ein ähnlich einfaches Rezept: Eigentlich muss man nur besser verkaufen als einkaufen, aber der Teufel steckt im Detail...

Zeitsparende und zugleich umsetzbare Überlegungen möchte ich Ihnen auf den nächsten Seiten mitteilen. Das Buch ist zwar nach einer inneren Logik aufgebaut; gleichwohl kann jedes Kapitel für sich gelesen und durchdacht werden. Für uns als Privatanleger ist es unter Umständen wichtiger, ein wenig nachzudenken, als täglich viele Stunden lang die Börse zu beobachten.

Wir können als Privatanleger sehr wohl erkennen, ob sich in manchen Bereichen des Marktes eine Euphorie aufbaut. Wir sehen, welche Aktien in Mode und damit oft überteuert sind, und wir sollten auch lernen, einen »Schweinezyklus« zu erkennen und davon zu profitieren.

Nichts ist demokratischer als die Börse, daher gilt es zu bedenken: Jeder kann sich mit noch so kleinem oder großem Einsatz beteiligen, und alle haben vergleichbare Chancen. Die Börse ist charakterbildend. Gute Überlegungen werden honoriert, ganz zwingend müssen wir aus Fehlern lernen und bereit sein, die eigene Meinung auch mal zu ändern – diese Bereitschaft lässt so mancher Mitbürger vermissen. »Open-mindedness« ist eine unabdingbare Voraussetzung, um an der Börse zu überleben; sie ist auch im übrigen Leben angebracht. Zudem ist die Börse eine spannende intellektuelle Herausforderung, die dazu anregt, sich ein umfassendes, realistisches Bild von der Wirklichkeit zu machen.

1. Böse Spekulanten – ehrbare Sparer *oder* Ist Aktienbesitz unehrenhaft?

Spekulation gilt als anrüchig – Sparen als ehrbar. Diese Einstellung haben die Deutschen zu großen Teilen verinnerlicht, und diese Einstellung ist einer der Gründe dafür, dass der Anteil an Aktiensparern mit rund 8,5 Millionen Aktionären etwa im Vergleich zu den USA oder dem Vereinigten Königreich denkbar gering ist. Vielleicht dürfen wir uns – wieder einmal – in Erinnerung rufen, dass unser immer bescheidener werdender Wohlstand mittelbar auch an dieser Einstellung hängt: Die globalen Schwergewichte verschieben sich vehement nach Asien, Indien oder Afrika.

Wenig bekannt ist zum Beispiel die Tatsache, dass im »Reich der Mitte«, in China, auch nach dem Coronaschock mittlerweile mehr Neuwagen gekauft werden als etwa im Autoland USA. In China werden jährlich etwa 20 Millionen Neuwagen gekauft, in den USA nur noch 15 Millionen. In Afrika hat sich allen Schauerberichten zum Trotz eine wohlhabende Mittelschicht von etwa 300 Millionen Bürgern entwickelt, die mit der des Euroraumes vergleichbar ist.

Vielleicht ist das jetzt auch eine gute Gelegenheit, sich die Tatsache ins Gedächtnis zu rufen, dass wir alle weder von Ärzten, noch von Lehrern, noch von Beamten leben, sondern ausschließlich von erfolgreichen Unternehmen, die Dinge herstellen, die andere (noch) haben wollen. Auch die erwähnten Ärzte, Lehrer, Beamte und andere können nur dann bezahlt werden, wenn etwas erwirtschaftet wird, wenn »unsere« Unternehmen erfolgreich bleiben und wenn sie im internationalen Wettbewerb bestehen können.

Wo das nicht gegeben ist, sind Szenarien die Folge, wie sie derzeit immer noch in Griechenland bestehen: Dort hat die Bevölkerung eine negative Grundeinstellung gegenüber Unternehmern, und es herrscht eine überbordende Bürokratie. Es wird wenig erwirtschaftet und wenig produziert; Zukunftstechnologien gibt es schon gar nicht. Die Einstellung, »Der Staat wird's schon richten«, und eine unternehmensfeindliche Grundhaltung sind vielleicht die größte Gefahr, die von manchen Staaten auf uns überschwappen könnte.

Im Zusammenhang mit Aktien wird ja gerne der Begriff »Spekulation« verwendet – und das allein schon dann, wenn man sich dieser Anlageklasse nur zuwendet. Bei Immobilien, die im Preis ähnlich schwanken, taucht der Begriff »Spekulation« deutlich seltener auf, obwohl der Handel mit Immobilien weniger Gewinn und häufiger Verluste einbringt als der mit Aktien. Tatsächlich sind allerdings für Mitbürger die höchst normalen Schwankungen der Aktienmärkte, die man jeden Tag in der Zeitung nachlesen kann, oftmals schwer auszuhalten und ein Grund, dann doch lieber auf festverzinsliche Papiere auszuweichen, auch wenn nach Steuern und Inflation Verluste nahezu unumgänglich sind.

Wovon wir als Kleinanleger mit beschränkter Zeit tatsächlich die Finger lassen sollten, ist Trading im großen Stil: Was ein Uli Hoeneß praktizierte, ist für uns zeitlich nicht machbar. Zudem sind hier die Erfolgsaussichten gering. Trading ist im Gegensatz zur konservativen Anlage eine höchst spekulative und oft verlustreiche Form der Anlage.

Die relative Sicherheit ist bei großen Unternehmen mit langjähriger Tradition und mit kontinuierlicher Gewinnentwicklung am größten. Der bekannte Professor Jeremy Siegel schreibt in einem seiner Bücher: »Es ist klar zu sehen, dass der Kaufkraftzuwachs von Aktienanlagen nicht nur alle anderen Investitionen übertrifft, sondern auch eine bemerkenswerte langfristige Stabilität aufweist.« Er schreibt weiter: »Im Gegensatz zur bemerkenswerten langfristigen Stabilität der Aktienrenditen sind die Realrenditen festverzinslicher Wertpapiere im Lauf der Zeit merklich gesunken.« Wenn wir die letzten Jahre anschauen, dann können wir Professor Siegel da nur zustimmen.

Wenn wir weiterhin zum Beispiel die Entwicklung des operativen Gewinns bei einer Aktie wie Johnson & Johnson, 3M oder Nestlé betrachten, dann sind zwar deren Kurse deutlich angestiegen, nicht aber der eigentliche Preis für die jeweiligen Aktien, wenn wir das Kurs-Gewinn-Verhältnis (KGV) betrachten: Die Johnson-&-Johnson-Aktie hatte im Herbst 2020 ein KGV von rund 19, die 3M-Aktie hatte ein KGV von 20, und bei der Nestlé-Aktie lag das KGV bei 22 – das ist zwar nicht billig, aber auch keineswegs sehr teuer und hat sich in den letzten Jahren nicht wesentlich erhöht.

Wenn man das vor einigen Jahren eingesetzte Kapital betrachtet und mit heutigen Dividendenzahlungen und Kursveränderungen vergleicht, dann sind das angenehme Erfahrungen. Die gelegentlich gestellte Frage »Sekt oder Selters?« darf der erfolgreiche Anleger dann mit der Auswahl des Schaumgetränks beantworten ...

2. Warum wir Aktien halten müssen und warum wir niemals – never ever – Roulette spielen dürfen

oder

Kein Kampf gegen Windmühlen – kein Kampf gegen die Wahrscheinlichkeit

Der verbissene Kampf von Don Quijote gegen die Windmühlen war vergebens – er hatte keine Chance gegen die sich drehenden Flügel. Wenn man den Gesichtsausdruck von Spielern in einem Spielkasino anschaut, könnte man sich daran erinnert fühlen. Auch das Ergebnis ist das gleiche. Beim Roulettespiel hat der Spieler keine Chance gegen das System. Jedes Mal, wenn die Kugel rollt, ist die Verlustwahrscheinlichkeit deutlich höher als die Gewinnwahrscheinlichkeit – und das gilt bei jedem einzelnen Spiel.

Wenn man beispielsweise auf die richtige Farbe gesetzt hat und diese auch kommt, dann hat man seinen Einsatz verdoppelt. Immer wieder fällt allerdings die Kugel auf das weiße Feld – in diesem Fall gehen alle Einsätze an die Spielbank. Die Wahrscheinlichkeit, dass die Bank gewinnt, liegt dabei etwa bei 53 Prozent, die, dass der Spieler gewinnt, bei rund 47 Prozent! Bei 100 Einsätzen werden – statistisch gesehen –

53 Spiele gegen den Spieler laufen und 47 zu seinen Gunsten enden.

Je mehr Einsätze beziehungsweise Spiele stattfinden, desto unbarmherziger schlägt die Statistik zu: Bei vielen Spielen geht die Gewinnwahrscheinlichkeit gegen Null! Das bedeutet, dass kein vernünftig denkender Mensch Roulette spielen darf. Denn gegen die Statistik kann niemand gewinnen.

Dieses Modell – der Umgang mit Wahrscheinlichkeit – lässt sich auf die Märkte übertragen: Was am Roulettetisch gegen den Spieler läuft, spricht an den Märkten für ihn: Wegen des allgemeinen Produktivitätsfortschrittes ist die Gewinnwahrscheinlichkeit höher als die Verlustwahrscheinlichkeit – wenn man nicht alle Fehler dieser Welt macht. Wer mithin nicht Roulette spielen will, müsste eigentlich an den Märkten aktiv sein.

Die obigen Überlegungen sind meines Erachtens von allergrößter Bedeutung für das Verständnis der Märkte. Selbst ein hervorragender Investor wird erstaunlich häufig danebenliegen: Bei 100 Investitionsentscheidungen wird er vielleicht 60-mal richtigliegen aber eben auch 40-mal falsch. Das muss man erstmal aushalten! Trotzdem wird derjenige Anleger sehr schnell sehr wohlhabend werden, der eine solche Quote von 60 zu 40 erreicht.

Für die allermeisten Mitbürger ist das gleichwohl eine ausgesprochen schwierige Situation, das weiß ich wohl: In der Schule wurden wir alle darauf getrimmt, immer alles richtig zu machen. Das ist jedoch an den Märkten schlechterdings nicht möglich – auch nicht für die allerbesten Investoren.

Wir denken an Warren Buffett, der mit Kraft Heinz einen erheblichen Fehlgriff machte und dies auch freimütig zugab. Auch sein Investment in Apple ist bisher ohne großen Erfolg geblieben wie einige andere auch. Buffett ist sich jedoch seiner Fehlermöglichkeiten bewusst und kann damit umgehen.

Wir selber sollten die Feststellungen des Bestsellerautors Daniel Kahneman (*Schnelles Denken, langsames Denken*) zur Kenntnis nehmen. Demnach schmerzen uns Verluste etwa dreimal mehr als Gewinne in gleicher Höhe. Das ist einer der Gründe, weshalb die meisten Mitbürger sich am Aktienmarkt gar nicht erst engagieren. Denn ebenda ist eine ausgeprägte Frustrationstoleranz dringend erforderlich.

Die eigenen Gewinnaussichten können wir verbessern, indem wir uns auf Firmen fokussieren, die eine langjährige Erfolgsgeschichte aufweisen. Wenn manche Firmen es geschafft haben, über Jahrzehnte hinweg Umsatz und Gewinn zu steigern, dann können wir eine solche Entwicklung auch mit aller Vorsicht in die Zukunft extrapolieren. Solche Firmen haben es mit hoher Wahrscheinlichkeit gelernt, mit auftauchenden Schwierigkeiten umzugehen. Und weiter ist das ein Grund, eher auf die Marktführer in einer Branche zu setzen als auf Nummer 2 oder 3.

Eine solches erfolgreiches Unternehmen ist in meinen Augen zum Beispiel die amerikanische Colgate-Palmolive (WKN 850667), die in den letzten 30 Jahren den Kurs ihrer Aktie von circa 2 Dollar auf jetzt etwa 70 Dollar steigern konnte. Die Dividende wird seit dem Jahr 1895 (!) ausgeschüttet und meist gesteigert. Die Produkte von Colgate-Palmolive sind nicht spektakulär, sondern solche des täglichen Lebens.

Auch in Coronakrisenzeiten werden die Zähne geputzt und die Hände gewaschen.

Solche Aktien meinte Kostolany, als er von »kaufen und liegen lassen« sprach. Sie sind nur auf den ersten Blick vermeintlich langweilig.

3. Kaum Zinsen weit und breit
oder
Dividenden – die neuen Zinsen?

Vor einiger Zeit war das noch undenkbar, nun sind die Zinsen praktisch abgeschafft. Will jemand größere Summen parken, wird sogar ein Negativzins erhoben; der Anleger muss mithin nicht nur auf Guthabenzinsen verzichten, sondern bekommt weniger Geld zurück als eingezahlt. Was von manchen Kapitalismuskritikern gefordert wurde, ist demnach eingetreten: Wir haben de facto eine Welt ohne Zinsen. Ist diese Welt jetzt besser?

Festzuhalten ist auf jeden Fall, dass diejenigen, die ihr Geld verleihen und für welche Zwecke auch immer zur Verfügung stellen, nicht mehr für das Risiko belohnt werden, das sie tragen. Die »bequeme Nummer«, Geld fürs Alter anzusparen, um dann einst komfortabel von den Zinsen zu leben – oder wenigstens davon, dass Zinserträge etwas zu einer sonst womöglich kümmerlichen Rente beitragen könnten – diese Möglichkeit ist perdu.

Um die Rente später etwas aufzubessern, werden Anleger nunmehr ins Risiko gedrängt. Sichere ergiebige festverzinsliche Wertpapiere existieren derzeit kaum noch. Das ist einer der Gründe, weshalb die Parole ausgegeben wird: »Dividenden sind die neuen Zinsen.«

Die Anzahl der direkten Aktienbesitzer in Deutschland lag nach Zahlen des Deutschen Aktieninstitutes im Jahr 2019 bei 9,7 Millionen. Das ergab eine Erhebung vom Februar 2020. Lediglich 15,2 Prozent oder knapp jeder siebte Bundesbürger, der älter als 14 Jahre ist, besitzt demnach Aktien oder Aktienfonds. Das ist deshalb so bemerkenswert, weil eine viel größere Zahl von Mitbürgern ihr Erspartes auf Sparkonten oder Festgeldkonten verkümmern lässt. Soviel zur Aktienkultur in Deutschland. Da ist ein kleiner »Schubs« in Richtung Aktienanlage gar nicht so verkehrt.

Allerdings hätten sich die Privatanleger besser vor einigen Jahren für diese Anlageklasse entschieden und nicht unbedingt in einer Zeit, in der im Dezember 2018 und jetzt im März 2020 eine kräftige Korrektur stattgefunden hat. Nicht vergessen wollen wir auch die Crashs in den Jahren 2003 und 2008, die im Nachhinein eine »wundervolle Gelegenheit« darstellten, sich günstig einzudecken. Eine solche Entwicklung wird auch jetzt wieder stattfinden, wenn die Corona-Situation bereinigt ist – vielleicht durch einen Impfstoff oder durch wirkungsvolle Medikamente.

Bemerkenswert war im Frühjahr 2020 die v-förmige Entwicklung der Märkte – ein rasanter Absturz und eine bisher fast genauso starke Gegenbewegung. Das spricht für die uralte Erfahrung, dass der Spruch »Diesmal ist alles anders!« auch in der aktuellen Situation nicht zutrifft. Vergleichen wir dazu das interessante Buch von Howard Mark, *Das Geheimnis der Marktzyklen*: Die wesentliche Aussage des Buches besteht darin, dass die Märkte IMMER zwischen Crash und Boom hin- und herschwingen und sich nur selten in einer »Mittellage« aufhalten.

Ein noch schlechteres Timing als viele Privatanleger haben nur einige sogenannte professionelle Anleger hingelegt, die wie viele Versicherungen just zum Tiefpunkt der Märkte zum Beispiel im Jahr 2003 ihre Aktien verkauften und gerade dann ihre Aktienquote gesenkt hatten, als die Märkte unbarmherzig am Boden waren. Erst danach, in einer Zeit kräftig ansteigender Kurse, agierten manche »Profi-Anleger« in die Gegenrichtung – jetzt wiederum prozyklisch – und kauften zu teuren Preisen wieder ein. Der vielgescholtene Privatanleger zeigte oftmals einen besseren Riecher als die vermeintlichen Profis.

Da es immer noch keine guten Alternativen zu Aktien gibt, ist es sinnvoll, über einige Dividendentitel nachzudenken. Dies empfiehlt sich weniger unter dem Gesichtspunkt von rasanten Kurssteigerungen, die eher unwahrscheinlicher geworden sind. Vielmehr macht der Blick auf die Dividenden diese Titel attraktiv. Denn diese Dividenden sind teilweise immer noch erfreulich, wenngleich auch ein Investment in Dividendenaktien nicht ganz ohne Risiko ist.

Am »bequemsten« sind Aktien aus Deutschland, die Dividenden ausschütten, bei denen schon an der Quelle Abgeltungssteuer plus Soli plus Kirchensteuer einbehalten werden. Der Betrag, der schlussendlich auf dem eigenen Verrechnungskonto landet, ist dann der Nettobetrag; die Steuer ist bereits gezahlt.

Die Anzahl der zuverlässigen Dividendenzahler unter den großen DAX-Titeln in Deutschland ist durchaus überschaubar: Eine ordentliche Dividende zwischen 3 und 4 Prozent wurde in den letzten Jahren ohne Kürzung zum Beispiel von BASF, Allianz, Munich Re oder Siemens ausgeschüttet. Diese Firmen haben ihre Dividende bislang regelmäßig gezahlt und meist sogar angehoben. Das gilt auch für Unternehmen wie Linde, Beiersdorf oder Fresenius, wobei deren Dividendenrendite mit 1 bis 2 Prozent deutlich unter der der erstgenannten AGs liegt. Üblicherweise wird die Dividende bei deutschen Titeln einmal im Jahr überwiesen.

»Bequem« sind auch Aktien aus dem Vereinigten Königreich, weil hier keine Quellensteuer einbehalten wird beziehungsweise die Steuerlast sofort mit der deutschen Steuer verrechnet wird. Firmen aus dem Vereinigten Königreich schütten meist zweimal im Jahr aus, weitere Formalitäten sind nicht erforderlich. Der eingehende Geldbetrag landet – bereits versteuert – auf dem Konto. Einige britische Aktien sind potenziell interessant: Titel wie AstraZeneca (Corona-Impfstoff!), British American Tobacco (BAT), Glaxo-Smith-Kline oder Reckitt-Benckiser glänzen durch vergleichsweise hohe Ausschüttungen (bei Glaxo zum Beispiel 5 Prozent).

Genauso »bequem« sind Aktien aus den USA, sofern man alle paar Jahre eine spezielle Erklärung, die sogenannten W-8BEN-Erklärung ausfüllt. Ist dies der Fall, dann wird keine amerikanische Quellensteuer einbehalten beziehungsweise wird diese sofort mit der deutschen fälligen Steuer verrechnet. Es muss nicht umständlich die amerikanische Quellensteuer zurückgefordert werden. Damit lässt sich gut leben.

Die Ausschüttungspolitik der amerikanischen Firmen ist etwas unterschiedlich: Unternehmen, die sich als Wachstumswerte verstehen, zahlen oft gar keine Dividende mit dem Argument, dass sie Geld besser im eigenen Unternehmen anlegen, anstatt eine Dividende zu zahlen. Das ist auch richtig, sofern die Geschichte vom Wachstum wirklich stimmt. Schließlich ist Papier geduldig. Weil oft Zweifel am prognostizierten Wachstum bestehen, ziehen viele Anleger eine bezahlte Dividende nach dem Motto »Nur Bares ist Wahres!« vor.

Amerikanische Unternehmen, die eine Dividende zahlen, splitten die jährliche Ausschüttung üblicherweise auf vier Termine im Jahr. Damit lässt sich tatsächlich eine angenehme Zusatzeinnahme zur Rente oder zum Gehalt generieren. Hocherfreulich sind zum Beispiel Dividendenzahlungen bei Firmen wie Altria, Philip Morris (sofern Zigarettenfirmen mit dem Gewissen zu vereinbaren sind), bei McDonald's, Johnson & Johnson, 3M, Blackrock und vielen anderen.

Lästig ist es, die Quellensteuer von manchen Ländern zurückzuholen. Das erfordert teilweise erhebliche Umstände: In Ländern wie Italien, Frankreich oder Spanien sind einige »Turnübungen« vonnöten, um zu viel bezahlte Steuer zurückzuerhalten. Bei vergleichbarer Qualität sind daher Unternehmen aus den bereits erwähnten anderen Ländern vorzuziehen, um sich diese lästige Arbeit zu sparen.

4. Gibt es sichere Anlagen?
oder
Was ist schon sicher?

In einer Ausgabe von *Focus Money* kommt Yanis Varoufakis, griechischer Finanzminister im Jahr 2015, zu Wort. In diesem Interview stellt er die Behauptung auf, dass der Euro »platzen« werde, und er fragt, wie dumm die Deutschen seien, wenn sie ihr Geld verschwendeten, indem sie Rettungsaktionen für bankrotte Länder – wie Griechenland – durchführten, bei denen das Geld in schwarzen Löchern verschwinde. Explizit werden die sogenannten Target-Schulden angesprochen.

Im März des Jahres 2020 verzeichnete die Bundesbank laut eigenem Bekunden einen positiven Target2-Saldo in Höhe von etwa 935 Milliarden Euro. Dies bedeutet, dass die Bundesbank rund 935 Milliarden Euro grenzüberschreitende Forderungen gegenüber den anderen am Target2-System teilnehmenden Zentralbanken hatte. Im September 2020 stiegen diese dann schon auf 1,1 Billionen Euro. Diese Forderungen drohen bei einem eventuellen Euro-Kollaps auszufallen – ein immerhin denkbares Szenario. Sein Vorschlag: Europa stärken statt sich gegenseitig zu beschuldigen und – um in Trump-Sprache zu sprechen – eine Politik des »Europe first« zu betreiben.

Angesichts der aktuellen Gemengelage aus Handelskrieg, Flüchtlingskrise, Staatsverschuldung, demografischer Krise, Coronakrise, Brexit und anderen Bedrohungen stellt sich – wie eigentlich immer – die Frage, wie sich eine Geldanlage bewerkstelligen lässt, bei der das eigene Verlustrisiko halbwegs überschaubar bleibt.

Da liegt es nahe, unwillkürlich an das Zitat von Jeremy Siegel, Finanzprofessor an der University of Pennsylvania, zu denken, der sinngemäß sagt: »Trotz Rezessionen, Kriegen, Börsenpaniken, Terrorakten und Skandalen ist an der Widerstandskraft der Aktien nicht zu rütteln.« Ausdrücklich sei auf sein Buch *Aktien für die Ewigkeit* verwiesen.

Siegel spricht sich klar für Value-Titel aus, also Aktien mit niedrigem KGV (Kurs-Gewinn-Verhältnis) und niedrigem KUV (Kurs-Umsatz-Verhältnis), die mithin günstig bewertet sind. Diese Empfehlung sehen einige Anleger kritisch, weil sie mit dem Risiko einhergeht, wachstumsstarke Trends eventuell zu verpassen.

Die Gefahr, dass man bei Wachstumsthemen auf allzu substanzlose Moden hereinfällt, ist jedoch groß. Das Studium von Börsenzeitschriften ist daher unter dem Gesichtspunkt wertvoll zu erfahren, was gerade aktuell ist – und dann das gerade NICHT mitzumachen. »Nur tote Fische schwimmen mit dem Strom«, heißt es so schön.

Das Thema, das seit Langem durch die Medien geht, ist FAANG und steht für Facebook, Amazon, Apple, Netflix und Google. Alle genannten Firmen müssen unbedingt weiter erhebliche Kurs- und Gewinnzuwächse bringen, um ihre hohen Bewertungen zu rechtfertigen.

Da erstaunt derzeit vor allem, dass eine Branche, zu der wir wegen der Demografie und wegen des medizinischen Fortschritts und aktuell wegen Corona eine Affinität haben, an den Aktienmärkten immer noch in einem Dornröschenschlaf verharrt: Ich meine die Pharmabranche, die im langjährigen Vergleich derzeit als günstig einzustufen ist. Langfristig ist diese Branche eine sichere Wette. Ein kräftiger Bedarf ist immer gegeben, die Innovationskraft speziell im Bereich der Onkologie riesig.

Firmen wie Roche, Novartis, der US-Konzern Merck & Co. und andere sind in diesem Sektor intensiv tätig: Im Herbst 2017 wurde das Medikament Kymriah, eine zugelassene zellbasierte Krebsbehandlung, auf den Markt gebracht. Mit Kymriah ist die erste personalisierte Therapie für eine spezielle Form von Blutkrebs gefunden – mit einer einmaligen Behandlung ist der Patient geheilt!

Herstellerfirma ist Novartis, die Kosten für eine Behandlung belaufen sich auf rund eine halbe Million Euro. Derlei Medikamente sind so erfolgreich, dass Patienten nach Behandlung zuverlässig geheilt sind und die Herstellerfirma sich fragen muss, wie die Entwicklungskosten wieder eingebracht werden können – daraus erklärt sich auch der hohe Preis solcher Medikamente.

Ebenfalls von Novartis kommt derzeit das teuerste Medikament der Weltgeschichte: Zolgensma wird gegen die SMA, die spinale Muskelatrophie, eingesetzt; es kostet circa 2 Millionen Euro. Damit behandelte Patienten – Kinder – sind mit einer einzigen Injektion geheilt. Solche Geschichten werden wir erfreulicherweise künftig häufiger hören, und Entwicklungen dieser Art werden bei Pharmafirmen einen neuen Zyklus einläuten.

Dabei sehen wir klar die Tatsache: Innovationen kommen in der Regel von kleinen Biotech-Start-ups. Früher oder später werden diese jedoch regelmäßig von großen Pharmafirmen geschluckt.

Die relative Sicherheit gerade und besonders von Pharmafirmen ist daher besonders hoch.

Im Moment – im Herbst 2020 – bin ich bekennender Fan der Pharmabranche und sehe hier antizyklische Kaufgelegenheiten, ähnlich wie vor etwa drei Jahren bei Rohstoffwerten wie zum Beispiel BHP Billiton, Rio Tinto oder auch Ölwerten wie Royal Dutch Shell.

5. Langfristrenditen
oder
Aktien, Immobilien oder Anleihen?

Im Jahr 2016 ist im FinanzBuch Verlag das bereits erwähnte, bemerkenswerte Buch *Aktien für die Ewigkeit* von Jeremy Siegel erschienen. Ich möchte ausdrücklich auf dieses Buch verweisen, weil es meiner Investmentphilosophie besonders nahekommt. Es beschreibt die in meinen Augen einzig sinnvolle Strategie für Privatanleger, nämlich die einer »ruhigen Hand«, um unter anderem möglichst keine Transaktionskosten zu produzieren und um Fehlentscheidungen zu vermeiden.

Gleichzeitig betont Jeremy Siegel ausdrücklich, dass der durchschnittlich informierte Privatanleger regelmäßig nicht in der Lage sein wird, den Markt zu schlagen, aber durchaus die Marktrendite erreichen kann. Allerdings kann der interessierte und besser informierte Privatanleger diese anhand von guten Überlegungen übertreffen, wenn er eigenständig denkt und sich vom Mainstream weitgehend unabhängig macht. Zu Recht wird argumentiert, dass das allgemeine Wissen und übliche Überlegungen bereits im Preis einer Aktie enthalten sind oder »eskomptiert«, wie es in der Fachsprache heißt. Eine Überrendite kommt durch selbstständiges Denken und durch Investieren bei intensiver Kakophonie der Medien zustande.

In meinen Seminaren präsentiere ich regelmäßig einen Chart von Jeremy Siegel, den er auch in seinem jüngsten Buch erneut zeigt und als eine der wichtigsten Erkenntnisse anführt: Es geht um den langfristigen Vergleich der wichtigsten Assetklassen (Anlageklassen) Aktien versus Staatsanleihen versus Gold versus Cash.

Unverändert lautet die Botschaft, dass keine Anlageklasse eine größere langfristige Stabilität aufweist als Aktien. Siegel schreibt, die Stabilität der Realrenditen sei erstaunlich. Im Langfristchart spielen selbst große Ereignisse wie der Erste oder Zweite Weltkrieg sowie Terrorakte und anderes keine nennenswerte Rolle. Das wird auch nach »Corona« nicht anders sein.

Entscheidend ist allerdings die Langfristperspektive: Am 29. Oktober 1929 verkündete Professor Irving Fisher wörtlich, dass die »Aktienkurse ein dauerhaft hohes Niveau« erreicht hätten. Zwei Wochen später brachen die Kurse auf breiter Front ein. Es dauerte dann bis 1954, bis die alten Kurse wieder erreicht und dann auch überschritten wurden. Nicht erwähnt wird regelmäßig, dass zum Tiefpunkt des Crashs im Jahr 1932 eine gute Zeit des Investierens war.

Es wird immer wieder gesagt, dass der Zeitraum bis zum Erreichen der alten Höchststände sehr lange gewesen sei. Das stimmt jedoch nur dann, wenn die Dividenden nicht berücksichtigt werden. Selbst solche Zusammenbrüche wie in den Jahren 1929, 1987, 2003, 2008 oder jüngst im März 2020 ändern nichts an der überlegenen Langfristperspektive eines gut diversifizierten Portfolios.

Dies gilt umso mehr, als die Risiken von Währungen regelmäßig nicht anerkannt werden. Wir sollten jedoch davon ausgehen, dass gute Unternehmen auch dann überleben, wenn der Euro abgeschafft werden sollte, die Europäische Union zerfällt und nach einem Banken-Run nicht mehr auf vorhandene Kontovermögen zugegriffen werden kann. Die relative Sicherheit von guten Stammaktien ist daher die größte vorstellbare. Wenn wir als Privatanleger durchaus demütig die kurzfristige Volatilität anerkennen und aushalten, dann werden wir nach angemessener Zeit fürstlich belohnt.

Dem Crash von 1929 und auch dem von 2008 war eine gefährliche Euphorie vorausgegangen. Weit mehr Mitbürger als üblich waren am Aktienmarkt tätig, viele Aktien wurden auf Kredit gekauft. Von Euphorie ist heute, im November 2020, nicht viel zu spüren. Die aktuelle Hausse ist eine ungeliebte Hochphase, weil viele Mitbürger das Gefühl nicht loswerden, zu lange nichts unternommen zu haben.

Man spürt die relative Zurückhaltung auch daran, dass anerkannte Börsenmagazine wie der *Effektenspiegel, Der Aktionär, Euro am Sonntag,* die *WirtschaftsWoche, Börse Online* und vergleichbare Publikationen kaum im üblichen Zeitschriftenhandel zu finden sind. Vielmehr muss man manchmal regelrecht danach suchen und erst zu einem gut sortierten Kiosk – etwa im Bahnhof einer Stadt – fahren, wenn man sich eindecken will. Es ist eher ein gutes Zeichen, wenn in den Kiosken »nur« die üblichen Boulevardblätter verkauft werden und man sich nach obigen Zeitschriften auch jetzt noch regelrecht durchfragen muss.

Das erscheint mir als Indiz dafür, dass die Märkte im Moment nicht überhitzt sind. Ein weiteres Indiz ist der Umstand, dass lediglich etwa 9 Prozent der Bundesbürger überhaupt in Aktien investiert sind. Sorgen machen dürfen wir uns höchstens über die Tatsache, dass die EZB demnächst nicht nur Anleihen, sondern womöglich auch Aktien in großem Stil – dann wahrscheinlich in Form von ETFs – aufkaufen könnte.

Wenn das – wahrscheinlich – so kommen sollte, gibt das zu denken, zumal die Märkte jetzt angesichts der Coronakrise mit unvorstellbaren Summen geflutet werden, des Weiteren über »Helikoptergeld« nachgedacht wird, um die Märkte zu stimulieren und um eine Deflation wie in Japan möglichst zu vermeiden. Wir dürfen uns klarmachen, dass von staatlicher Seite eine kräftige Inflation erwünscht ist, um sich auf diese Weise der Staatsschulden wenigstens teilweise zu entledigen. Das wird von den Bürgern eher und mit weniger Protesten ertragen, weil es nicht so offensichtlich ist wie unliebsame Steuererhöhungen. Eine schleichende Inflationierung fällt vor allem weniger auf.

Allerdings müssen wir sehen, dass die Alternativen – Anleihen und Immobilien – derzeit sehr unattraktiv aussehen. Wer möchte schon bei Minuszinsen einem garantierten Geldverlust zusehen, und wer möchte die heute stark überhöhten Immobilienpreise bezahlen? Wenn von einer »Blase« gesprochen wird, dann betrifft diese eher die Immobilienmärkte – wir sehen, dass landauf, landab gebaut wird. Doch ist weder angesichts der Demografie die Sicherheit gegeben, dass solche Objekte vernünftig vermietet werden können, noch werden Geschäftsräume in einer derart großen Zahl benötigt, wie sie derzeit entstehen. Nicht zuletzt durch Corona haben Geschäftsleute gelernt, dass man viele Meetings oder Hauptversammlungen für Aktionäre genauso gut auch virtuell ohne physisches Treffen abhalten kann und dass die Arbeit vom Homeoffice aus eine echte Alternative zum klassischen Büro ist. Das wiederum wird die Vermietbarkeit von Büroräumen beeinträchtigen.

Bei Anleihen müssen wir befürchten, dass in nicht allzu weiter Ferne die Zinsen auch mal wieder ansteigen können, was dann unweigerlich mit einem kräftigen Kursverlust solcher Papiere verbunden ist. Wenn bei einer zehnjährigen Anleihe die allgemeinen Marktzinsen nur um 1 Prozent ansteigen, bedeutet das einen Kursverlust von rund 10 Prozent für eine solche Anlage.

Auch Aktien werden in einem kritischen Umfeld fallen. Allerdings müssen wir nicht befürchten, dass vernünftige Dividendentitel völlig unverkäuflich werden wie vielleicht die eine oder andere Immobilie oder eine Anleihe, falls es – im Extremfall – zu einer neuen Währungsordnung kommt.

Vielmehr werden in solchem Umfeld auch Aktien Kurseinbrüche erleiden. Allerdings können sie eventuell sogar – wie McDonald's im Crash von 2008 – ihre Dividende kräftig erhöhen. Und wer dann nicht auf Notverkäufe angewiesen ist, wird – wie immer nach einem Crash – die Chance haben, sich günstig einzudecken, eine Chance, die man im Leben nicht sehr oft bekommt.

Daher lohnt es sich mehr denn je, über gute Dividendenpapiere nachzudenken. Wer sich der Mühe entledigen möchte, gute Einzeltitel auszusuchen, kann der Empfehlung eines Warren Buffett folgen, der zur Anlage in breit aufgestellten ETFs rät. Mit einem ETF auf den DAX, den MDAX, den Euro Stoxx, den S&P, und den MSCI kann man nicht viel falsch machen.

Wem das nicht ausreichend Nervenkitzel ist, der möge in seinem Depot einige sorgfältig ausgesuchte Aktien weltweit agierender Unternehmen beimischen wie Nestlé, Unilever, 3M, Johnson & Johnson, etwas volatiler BASF oder Marine Harvest (Fischzucht) aus Norwegen.

Damit lassen sich die nächsten Jahre vermutlich sowohl durch eine gute Kursentwicklung als auch durch attraktive Dividenden überbrücken. Auch bringt diese Anlageklasse dann niemanden um den Schlaf. Warren Buffett antwortet auf die Frage, wie lange denn die bevorzugte Haltedauer seiner Aktien sei: »Am liebsten für immer!«

6. Aktien als Ruhekissen?
oder
Gibt es Werte, die man »ewig« halten kann?

Regelmäßig war ich Gast bei Beate Sander. Wer Beate Sander nicht kennt: Sie war DIE »Grande Dame« in der Börsenszene, sie schrieb mehr als 30 Bücher. Allein ihre regelmäßige Kolumne in der *BILD* erreichte mehr als eine Million Leser. Ihre Performance lag in etwa gleichauf mit der von Warren Buffett. Beate Sander verstarb erst vor Kurzem – im September 2020 im Alter von 82 Jahren.

Beate Sander sprach sich stets für eine wohltuende Mischung von Value- und Growth-Aktien aus. Mich zog sie regelmäßig auf, weil ich ein bekennender Fan von »ewigen« Aktien bin, die ich nach Möglichkeit nicht anrühren will – schon mal wegen des steuerbegünstigten Altbestandes. Nachdem sie netterweise mein Depot inspiziert hatte, meinte sie sinngemäß: »Junger Mann, wie wäre es denn mit einigen modernen Aktien?« Wenn jemand das einschätzen konnte, dann am ehesten Beate Sander. Seit einiger Zeit habe ich deshalb auch »moderne« Aktien wie Alphabet, Amazon, AliBaba, Nemetschek, Samsung und Geely im Depot.

Heute macht mich jedoch noch stolz, dass ich den Unsinn um die Jahrtausendwende, den Dotcom-Wahn, nicht mitgemacht habe. Dadurch sind mir zum einen Verluste erspart geblieben, und zum anderen konnte ich im nachfolgenden Crash im Jahr 2003 eine Menge Titel günstig einkaufen. Aus dem gleichen Grund bin ich beim Bitcoinwahn, der mich an den Tulpenwahn in Holland vor einigen Jahrhunderten erinnert, bisher nicht investiert.

Auch die »ewigen« Aktien sind nicht vor Unbill gefeit, wie wir gerade an dem schwankenden Dickschiff GE, General Electric, sehen können. Bis vor Kurzem war es für viele so gut wie unvorstellbar, dass eine solche Ikone der amerikanischen Börse derart ins Taumeln kommen könnte. Ob jetzt mit dem neuen CEO Henry Lawrence Culp, der von Danaher kommt und seit Oktober 2018 die Geschäfte führt, die Wende gelingt, das bleibt abzuwarten. Dummerweise wird jetzt erstmal die Dividende stark zurückgefahren, und danach müssen wir dem neuen CEO ein gutes Händchen wünschen.

Bei dieser Gelegenheit müssen wir uns daran erinnern, dass Verluste von unserer eigenen Psyche etwa dreimal so stark empfunden werden wie Gewinne in gleicher Höhe.

Obwohl mir, wie vermutlich jedem anderen, auch die Verluste von GE kräftig gegen den Strich gehen, muss ich sehen, dass die anderen Dickschiffe wie die bereits genannten Aktiengesellschaften und vielleicht noch zusätzlich BASF, Unilever, Allianz, Novo-Nordisk, Air Liquide, Johnson & Johnson und andere weit mehr gewonnen haben, als GE verloren hat: Wenn wir uns das klarmachen, dann ist das ja der Grund, weshalb Bundesbürger kaum in Aktien investiert sind: Sie sehen einseitig nur die Verluste und dies auch dann, wenn das Portfolio im Wert insgesamt rasant gestiegen ist.

Darüber wiederum sollten wir uns freuen, denn das ist der hauptsächliche Grund, weshalb Aktien selbst heute noch gerade konkurrenzlos billig sind im Vergleich zu Immobilien und fast schon zum Schleuderpreis erhältlich im Vergleich zu Zinspapieren. Zinspapiere sind derzeit absurd teuer: Eine Bundesanleihe zu 0,5 Prozent hat ja ein KGV von 200! Das ist ungefähr so, als wollte man für einen VW Golf 300.000 Euro auf den Tisch blättern.

Bei den Zinspapieren kommt neben der garantierten Kapitalvernichtung durch Inflation und Steuern noch dazu, dass die Rückzahlung bei einem Staatsversagen keineswegs sicher ist. Da bietet ein global aufgestelltes Unternehmen höhere Sicherheit.

Trotz der berechtigen Ausführungen von Beate Sander werde ich immer zu einem großen Teil bei den ewigen Aktien bleiben. Wer die Nestlé-Aktie seit Jahrzehnten hält, hat nichts falsch gemacht und sollte dabei bleiben. Auch wenn das Dickschiff GE derzeit ins Schleudern kommt, muss man sehen, dass sich der Wert anderer Dickschiffe wie McDonald's oder Johnson & Johnson in den letzten zehn Jahren in etwa versechsfacht hat. Und wenn eine Bank wie die Scotiabank in den letzten 180 Jahren immer eine Dividende ohne jede Kürzung bezahlt hat, dann dürfen wir vermuten, dass diese Bank ihr Geschäftsmodell versteht.

Trotzdem werde ich auf meine einstige Freundin Beate hören und etwas mehr Volatilität ins Depot packen. Dieses höhere

Risiko nehme ich jetzt in Kauf und sehe bei Amazon, Alphabet, Alibaba und vergleichbaren Aktien durchaus ein ordentliches Kurspotenzial nach oben.

Selbst Warren Buffett hat erst im Mai 2020 gesagt, dass auch heute eine Wette gegen Amerika keine gute Idee wäre. Diesen Optimismus teile ich ...

7. Aktienkurse schwanken
oder
Volatilität – die Nerven werden strapaziert

Auffällig ist die Volatilität, die derzeit an den Märkten zu beobachten ist: Die Kurse verzeichnen große Ausschläge in beide Richtungen. Manche Börsianer verstehen eine solche vermehrte Volatilität als Vorbote einer Korrektur. Eine solche beziehungsweise ein veritabler Crash mit Kursverlusten von rund 40 Prozent hat nun coronabedingt stattgefunden. Bereits im Oktober 2020 scheint dieser weitgehend ausgebügelt. Das kann sich ändern, wenn mit einer zweiten Coronawelle ein harter Lockdown erneut kommt. Allerdings werden die Märkte mit derart viel Liquidität geflutet, dass ein starker Rückgang möglich aber unwahrscheinlich ist. Von manchen Banken wird in einem solchen Umfeld zur Depotabsicherung geraten, also zum Kauf spezieller Derivate, die steigen, wenn umgekehrt die Aktienkurse sinken. Mit Put-Optionsscheinen könnte man den Wert eines im Wert fallenden Depots absichern.

Diese Prämie ist jedoch hoch und macht für einen Zeitraum von etwa drei Monaten rund 3 Prozent des Depotwertes aus. Argumentiert wird damit, dass man auch Versicherungen abschließt, also Geld ausgibt und gleichzeitig hofft, dass der

Versicherungsfall nicht eintritt. Wegen der hohen Kosten werde ich selbst das in der Regel nicht praktizieren – auch meine Börsenfreundin Beate Sander hat stets auf diese Instrumente verzichtet. Ich vertrete unverändert wie sie die Meinung, dass wir günstige Kurse eher zum Nachkauf bei fundamental soliden Titeln nutzen sollten.

Bei den Titeln, die wir vorwiegend aussuchen sollten, spielt Volatilität eine geringe Rolle. Als wichtiges Kriterium verstehen wir ein solides Geschäftsmodell, das im Idealfall den Gewinn pro Aktie zuverlässig steigert. In diesem Fall sind gelegentliche Dellen im Kursverlauf von untergeordneter Bedeutung. Der Gewinn pro Aktie und Jahr ist eine Zahl, die wir sehr einfach nachlesen können, etwa in der Börsenzeitschrift *Börse online* oder auf diversen Börsenportalen im Internet.

Mir erscheint eine zuverlässige Steigerung dieser Kennzahl über viele Jahre als eines der wichtigsten Kriterien überhaupt. Am Rande sollten wir allerdings auch auf das Kurs-Gewinn-Verhältnis (KGV), das Kurs-Umsatz-Verhältnis (KUV) und das Kurs-Buchwert-Verhältnis (KBW) achten.

Das ist wichtiger denn je: Wenn der Euro in Relation zum Dollar steigt, dann könnten manche Marktteilnehmer kalte Füße bekommen, wenn der Wert des eigenen Depots infolge des Dollarverfalls (in Euro) schrumpft und die Dividendenzahlungen geringer ausfallen, weil uns die in Dollar bemessenen Ausschüttungen in Euro umgerechnet weniger Einnahmen bescheren: In unseren Augen zahlen amerikanische Firmen somit weniger, weil der Euro so erstarkt ist.

Im Moment – im November 2020 – scheint der Dollar eher schwächer zu werden in Relation zum Euro mit dem Effekt, dass unsere Depotwerte fallen (weil wir weniger Euros benötigen, um den gleichen Wert abzubilden). Auch Trump beziehungsweise sein Nachfolger Biden hätte gerne einen billigen Dollar, weil er dann bessere Exportchancen für amerikanische Firmen sähe.

Das kann sich jederzeit ändern: Währungsprognosen sind besonders schwierig – sowohl der Euro als auch der Dollar können durch die milliardenschweren Hilfsprogramme beeinflusst werden. Manche Investoren sehen beim Euro ein noch stärkeres Risiko als beim Dollar, was den Euro erneut abwerten könnte – und damit unsere Depots aufwerten würde.

Wir sollten uns allerdings von stets gegenwärtigen Währungsschwankungen nicht irritieren lassen: Donald Trump hat stets – wie bereits erwähnt – einen schwachen Dollar bevorzugt, weil ein schwacher Dollar die Wettbewerbsfähigkeit amerikanischer Firmen verbessert. Uns wiederum verschafft ein starker Euro Gelegenheit, US-amerikanische Firmen sozusagen mit Rabatt einzukaufen. Hier gibt es so viele Unwägbarkeiten, dass wir keine Spekulationen dazu durchführen sollten. Wir sollten mit jedem Szenario umgehen können.

Die Aktienkultur ist in angelsächsischen Ländern stark ausgeprägt. Viele Bürger aus den USA verlassen sich auf die meist vierteljährlichen Dividendenzahlungen amerikanischer Unternehmen. Vielen US-Firmen sind regelmäßige Ausschüttungen geradezu heilig.

Ein Beispiel für ein erfolgreiches Unternehmen mit besonders regelmäßiger Dividendenzahlung ist das uns bekannte Unternehmen Medtronic: Im Zeitraum von 1986 bis heute ist die Dividende von seinerzeit etwa 60 Cent bis auf etwa 30 Dollar gesteigert worden! Der Kurs von Medtronic hat sich im gleichen Zeitraum von 0,50 Dollar damals auf heute circa 88 Dollar verändert!

Im Zeitraum von etwa 30 Jahren hat sich der Kurs der Aktie etwa verhundertfacht, die Dividende um den Faktor 60 (!) erhöht. Interessant ist die Tatsache, dass das Dividendenwachstum ausgesprochen gleichmäßig verlief – wie mit dem Lineal gezogen –, während der Kurs der Aktie durchaus Schwankungen aufwies. Das KGV liegt derzeit – im Oktober 2020 – bei 26, die Dividendenrendite bei 2,1 (ordentlich). Ein mir nicht bekannter Börsianer formulierte einmal, wenn er aus dem Aktienuniversum nur eine einzige Aktie aussuchen dürfte, dann wäre es wohl die von Medtronic.

Ich bin geneigt zuzustimmen, weil Medtronic mit seinen zahlreichen Produkten geradezu ideal auf die gesundheitlichen Bedürfnisse einer alternden Gesellschaft eingeht.

8. Dividenden anstelle von Zinscoupons
oder
Aktien bringen immer noch üppige Ausschüttungen

Es regnet Dividenden auch im Jahr 2020. Trotz Corona werden Dividenden (meistens) bezahlt, manchmal erst nach einer virtuellen Hauptversammlung, oft erhöht wie bei der Allianz und der Munich Re, manchmal fallen sie aus wie bei Fielmann, Freenet, vielen Banken und anderen Aktiengesellschaften.

Man muss Thilo Sarrazin nicht mögen: Seine Analysen sind schonungslos und meist zutreffend. Als ehemaligem Finanzsenator in Berlin und Vorstandsmitglied der Bundesbank dürfen wir ihm fundierte Kenntnisse zutrauen.

Wie bereits früher hier beschrieben, sieht Sarrazin aufgrund der Target2-Salden und des ESM, des Europäischen Stabilitätsmechanismus, bei uns eine Haftungsunion, die für Deutschland zu einem erheblichen Risiko werden kann. Genauso sieht das der bekannte Ökonom Professor Hans Werner Sinn, wenn er im August 2018 formuliert, dass die Target2-Salden Deutschland handlungsunfähig machen. Die vorgesehene europäische Einlagensicherung wird den Effekt haben, dass Deutschland dafür geradestehen muss, wenn etwa italienische Banken in Schieflage geraten.

Damit können italienische Krisenbanken riskante Geschäfte machen, da im Notfall die Einlagensicherung wesentlich mit deutschem Geld haftet. In Italien wie in Großbritannien haben Populisten die Wahl gewonnen, die eher gegen eine europäische Integration sind.

Damit sind der Euro und die europäische Integration gefährdet, und der Ausgang ist ungewiss: Wenn ein solches Szenario eintritt, dann gibt es nur Verlierer! Die größten Verlierer werden allerdings Bargeld- und Immobilienbesitzer sein, weil Bargeld abgewertet werden kann und Immobilien nun mal ortsfest sind. Dagegen können große Unternehmen wirtschaftliche Schwerpunkte verlagern – im Übrigen wissen alle Staaten, dass man nicht die Kühe schlachten darf, die man melken will und von denen wir letztlich alle leben.

Den Euro müssen wir im Auge behalten: Wenn der Euro stark ist, müssen Aktionäre feststellen, dass trotz enormer Dividendenausschüttungen weniger Euros auf dem Konto landen. Umgekehrt werden die Ausschüttungen von US-amerikanischen Firmen steigen, wenn der Euro relativ zum Dollar fällt. Depotwerte sinken, wenn der Euro erstarkt: Dann benötigt man weniger Euros, um den gleichen Wert abzubilden. Allerdings können wir jetzt im Ausland billiger Urlaub machen, und vor allem können wir außereuropäische Aktien mit Rabatt einkaufen!

Wenn die allgemeine Marktstimmung und die Kurse günstig sind, dann liegt vor uns buchstäblich ein Einkaufsparadies, in dem wir uns bedienen können.

So gefällt mir zum Beispiel unverändert die 3M-Aktie: Deren Kurs hat sich in den vergangenen zehn Jahren in etwa verdreifacht, die Dividende steigt regelmäßig und wird seit Jahrzehnten steigend bezahlt. Anfang 2018 markierte die 3M-Aktie ein Allzeithoch. Seitdem geht es abwärts. Aktuell im Oktober 2020 steht der Kurs bei rund 130 Euro und ist damit deutlich im Minus. Während der breite Aktienmarkt im Jahr 2019 um fast 30 Prozent gestiegen ist, hat die 3M-Aktie weitere 7 Prozent abgegeben. Gleich mehrmals wurde die Gewinnprognose gesenkt. In China belastet der Handelsstreit. Die globale Autoproduktion hat 2019 nachgelassen. 3M hat diese Faktoren zu spüren bekommen. Doch das Unternehmen reagiert bereits und senkt die Kosten erheblich. Der Gewinn dürfte wieder ansteigen. 3M hat im Oktober 2020 ein KGV von rund 20 und eine Dividendenrendite von 3,5 Prozent. Es sieht bei 3M nach einem temporären Problem aus. Das Aufwärtspotenzial scheint größer zu sein als das Verlustrisiko.

Wer etwas Abenteuer mag, könnte sich für die dividendenstarke russische Aktie Nornickel ADR erwärmen. Die Aktie ist ein Rohstoffwert mit Fokus auf Palladium, Platin, Nickel, Kupfer und Kobalt. Wenn wir daran denken, dass ein E-Auto die dreifache Kupfermenge eines klassischen Autos benötigt, dann fällt mir der lustige Titel eines Buches ein: *Mein Elektriker fährt Porsche* – wir können daher davon ausgehen, dass Kupfer und Firmen, die mit Kupfer arbeiten, davon profitieren werden. Nornickel ADR hat im Oktober 2020 ein KGV von 8 und schüttet unfassbare 12 Prozent Dividende aus!

Und wenn wir schon mutig investieren wollen angesichts der aktuellen Umstände, dann könnten wir auch über das chinesische Unternehmen Geely nachdenken: Vielen Volvofahrern ist nicht klar, dass Volvo in Gänze übernommen worden ist von besagter Firma Geely. Volvo ist damit rein chinesisch. Geely agiert progressiv: Mittelfristig sollen nur noch Elektromobile gebaut werden. Überraschend kam der Einstieg bei Daimler mit rund 10 Prozent! Wir können nur vermuten, welche Absichten der chinesische Autobauer mit solchen Aktivitäten verfolgt.

Ein wesentlicher Vorteil der Aktienanlage besteht in deren Flexibilität: Für eine Immobilie verschulden sich Mitbürger oft für Jahrzehnte, gleichzeitig ist der Wert von Immobilien in keiner Weise stabil, die Handelbarkeit dagegen eingeschränkt. Dagegen steht dem Aktionär die Welt offen, Wertpapierkredite sind nicht nötig (und sollten absolut tabu sein), die langfristige Sicherheit ist jedoch ausgesprochen hoch, die Wandelbarkeit ist gut – und ein Genuss ist auch der stetige, warme Dividendenregen!

9. Fremdstaaten bedienen sich *oder* Quellensteuer – staatliche Abzocke

Hochprozentiges gibt es aus unserem skandinavischen Nachbarland Norwegen. Während bei Alkoholika kräftig an Inhalt gespart wird, geizen Unternehmen aus dem Wohlfahrtsstaat nicht mit Dividenden. Diese sind, in Prozenten ausgedrückt, meist höher als der Alkoholgehalt im norwegischen Bier.

Bei norwegischen Aktien denken wir insbesondere an Mowi, früher Marine Harvest (Fischzucht), Equinor (früher Statoil: Öl) oder Lara (Chemie). Während Ölinvestments vor dem Hintergrund der Zunahme der erneuerbaren Energien kritisch bedacht werden müssen und Chemie regelmäßig auf Vorbehalte stößt, könnte eine vermehrte Fischproduktion bei wachsender Weltbevölkerung für Investoren interessant sein. Dies gilt umso mehr, wenn nachhaltig produziert wird angesichts der Tatsache, dass bei der Aquakultur Proteine mit geringerem Aufwand produziert werden als etwa bei der Rinder- oder Schweinezucht.

Wenn bei zunehmender Weltbevölkerung die Nachfrage steigt und gleichzeitig das Angebot fällt, weil die Weltmeere überfischt sind, dann können klassische Fischfangmethoden nicht mehr ausreichende Mengen liefern. Marine Harvest, jetzt Mowi genannt, ist der größte Zuchtlachskonzern der Welt und betreibt Fischzucht nicht nur in Norwegen, sondern auch in anderen Ländern wie zum Beispiel Schottland, Frankreich und Kanada. Damit ist das Risiko reduziert, wenn doch mal ein Fischbestand von Krankheitserregern befallen wird wie bei einem der Mitbewerber.

Die Kennzahlen sind hochattraktiv: Obwohl sich der Kurs seit 2012 immerhin vervierfacht (!) hat, ist die Aktie, gemessen am KGV von 26 (Stand: Oktober 2020), nicht allzu teuer. Das Unternehmen schüttet eine Dividende von 1,7 Prozent aus. Im Übrigen fließt die Dividende vierteljährlich. Es handelt sich also um einen wahren Appetithappen! Das Risiko: Obwohl die Zahlen ziemlich perfekt sind, steht das Unternehmen auf einem (einzigen) Bein. Krankheiten an den Fischbeständen (kommen vor), Geschmacksänderungen der Weltbevölkerung (unwahrscheinlich) oder Missmanagement (denkbar) sind möglich.

Im Vergleich zu einem gestandenen Unternehmen wie Johnson & Johnson ist dafür die Renditeerwartung sowohl beim Kurs als auch bei der Ausschüttung höher. Die Prognose für die nächste Zukunft ist weiterhin günstig.

Wäre da nur nicht die norwegische Quellensteuer! Von 100 Euro Dividende bedient sich zunächst der deutsche Fiskus mit 25 Prozent zuzüglich Kirchensteuer und Solidaritätszuschlag. Weiterhin behält der norwegische Staat 25 Prozent ein, die mit gewissem Aufwand zurückgeholt werden können.

Dabei unterstellen bösartige Mitmenschen, dass dies kein Zufall ist, sondern Staaten wie Frankreich, Italien und auch Norwegen die Absicht verfolgen, dass damit insbesondere Kleinanleger abgeschreckt werden sollen, denen der Aufwand wegen einiger Euronen dann doch zu groß ist. Das sollte man jedoch grade nicht durchgehen lassen und grundsätzlich eine Steuererstattung beantragen.

Deshalb in aller Kürze das empfohlene Verfahren: Es sind drei Schritte durchzuführen: 1. Man benötigt eine Ansässigkeitsbescheinigung des deutschen Fiskus (das entsprechende Formular ist zu beziehen über die Homepage des Bundeszentralamtes für Steuern). 2. Man benötigt den Dividendenbeleg, aus dem der Quellensteuerabzug hervorgeht. 3. Über den Antrag auf »shielding deduction« erstattet Norwegen den gesamten Steuersatz in Höhe von 25 Prozent zurück. Alternativ besteht auch die Option, im Rahmen des Doppelbesteuerungsabkommens nur 15 Prozent zurückerstattet zu bekommen und die verbleibenden 10 Prozent auf die deutsche Abgeltungssteuer anzurechnen.

Mit diesem Verfahren bekommt man 10 Prozentpunkte der abgezogenen Steuer zurück. Die restliche Steuer verrechnet der deutsche Fiskus über die Steuererklärung mit der Abgeltungssteuerschuld (Anlage KAP). Schon aus Prinzip sollten Sie sich diese kleine Mühe machen und Fremdstaaten nicht derart einfach das Feld und das Geld überlassen.

10. Sind Edelmetalle eine Überlegung wert?
oder
Goldinvestments unter die Lupe genommen

Nach dem Brexit wird die Diskussion um einen Uscitalia, den eventuellen Ausstieg Italiens aus dem Euro, weitergehen und danach wird – möglicherweise – eine Diskussion um die Rolle Frankreichs im Euroraum entbrennen. Wenn diese Themen abgearbeitet sind, wird sich die Community womöglich erneut dem aufflammenden Terrorismus widmen, dann vielleicht der Tatsache, dass bei nachgebendem Ölpreis arabische Staaten ihre Petrodollars nicht mehr bei uns anlegen, weil sie davon weniger haben und sie im eigenen Land werden anlegen müssen, um die Staatsverschuldung nicht ins Uferlose wachsen zu lassen. Noch dazu kommt die Sorge um weitere Lockdowns infolge von Corona mit der Konsequenz, dass Geld in Unmengen einfach gedruckt wird.

Wir merken: Wenn die Welt nach Ansicht von manchen aus den Fugen gerät, dann meinen einige, dass es an der Zeit sei, nach festen Ankern zu suchen. Allerdings müssen wir festhalten, dass es NIE anders war – es gibt jederzeit Themen, über die man beunruhigt sein kann, aber das ist nichts Neues. Denken wir nur zurück an die Zeiten des Kalten Krieges, an die Vogelgrippe, an die Hongkonggrippe, an die BSE-Krise und vieles andere, was heute gar nicht mehr thematisiert wird.

Gleichwohl scheint Gold für viele ein sicherer Hort in unruhigen Zeiten. Denken wir also über Gold nach. Die Befürworter argumentieren, dass die Goldmenge endlich ist und daher nicht beliebig vermehrt werden kann wie das Geld der Notenbanken, das eben dadurch inflationärem Druck ausgesetzt ist (von dem wir allerdings derzeit nichts merken).

Wir sehen auch die Tatsache, dass mittelfristig ein »Global Currency Reset«, also eine Abkehr vom US-Dollar als Leitwährung und eine globale Währungsreform, ein denkbares Szenario darstellt. Das wird nicht von irgendwelchen Spinnern so gesehen, sondern von ernsthaften Vermögensverwaltern. So sagt Jens Erhardt: »Die Notenbanken sind in einer Sackgasse. Sie wollten Inflation erzeugen, ihre Politik wirkt aber deflationär.« Oder von Michael Reuss, der ebenfalls bekannter Vermögensverwalter ist, ist folgende Aussage überliefert: »Der ›Point of no Return‹ ist längst überschritten. Am Ende wird es eine panikartige Flucht in Sachwerte geben samt Neuordnung des Finanzsystems.« Auch ACATIS-Chef Hendrik Leber sagt: »Das wird ein brutales Endspiel.«

Ein »Global Currency Reset«, eine globale Währungsreform inklusive Entschuldung der Staaten, ist damit kein »Schwarzer Schwan« im Sinne von Nassim Nicolas Taleb!

Ein »Schwarzer Schwan« ist dadurch definiert, dass er völlig unerwartet kommen müsste. Die oben erwähnte Entwicklung des »Global Currency Reset« ist dagegen ein unbedingt denkbares Szenario! Positiv: Angesichts der endlosen Diskussion über dieses Thema ist der Effekt womöglich ziemlich eingepreist und dürfte womöglich gerade deshalb keine allzu großen Verwerfungen mehr auslösen – zumindest nicht für denjenigen, der vorbereitet ist.

Bei solchen Horrorszenarien wird der Appetit auf Gold zweifelsfrei groß. Wir müssen allerdings sehen, dass man Gold eigentlich nicht braucht. Bestenfalls geringe Mengen davon werden in der Schmuckindustrie benötigt. Damit wird Gold lediglich den Wert haben, den ihm die öffentliche Meinung zubilligt, und diese ist ausgesprochen wankelmütig.

Falls es zu extremen Situationen kommt, wie oben beschrieben, dann müssen wir der Tatsache ins Auge blicken, dass man Gold unter Umständen gerade dann nicht verwenden kann, wenn man es am dringendsten benötigt: Schon früher wurde Gold in kritischen Zeiten entweder einfach konfisziert oder es wurde ein lächerlicher geringer Preis dafür angesetzt oder privater Goldbesitz wurde gänzlich verboten.

Das bedeutet: Wenn ein Golderwerber diese Risiken ausschalten will, dann müsste er darauf achten, dass sein Goldkauf nicht registriert wird. Die Banken wiederum sind gehalten, selbst den Kauf kleiner Mengen zu dokumentieren. Damit können die Behörden vor einer Währungsreform ein Goldbesitzverbot erlassen und zum Beispiel Gold vom Besitzer zu geringen Preisen einfordern. Das macht den Reiz des gelben Metalls schon deutlich geringer.

Von den »Ersatzwährungen« oder Sachwerten neben Immobilien und Aktien ist Gold diejenige mit der geringsten Performance. Selbst in langen Zeiträumen ist keine Wertsteigerung festzustellen. Da kann man ebensogut auch über Diamanten, guten alten Whisky oder Zigarren nachdenken.

Warren Buffett hält nichts von Gold, sinngemäß sagte er: »Man holt es aus einem Loch (der Erde) heraus, um es in ein anderes Loch (Tresor) zu stecken.« Wir müssen konstatieren, dass Gold keine Zinsen abwirft und zudem staatlichem Zugriff ausgesetzt ist. So sieht es auch der bekannte Investmentmanager Ken Fisher: Für ihn ist Gold nichts anderes als ein Rohstoff, dessen Preis von Angebot und Nachfrage bestimmt wird. Eine starke Nachfrage nach Gold ist – so gesehen – nicht erkennbar.

Wer zur eigenen »Gewissenberuhigung« etwas unternehmen will, wird sich geringste Mengen beispielsweise über den Degussa Goldhandel besorgen oder einige Münzen wie Krügerrand, Maple Leaf oder Wiener Philharmoniker.

Da im Extremszenario das Bargeld größtenteils entwertet werden wird, erscheinen Sachwerte wie Aktien aus dem Konsumbereich (Nestlé, Unilever, Colgate-Palmolive, McDonald's und vergleichbare Werte) sicherer. In einem solchen Szenario geht es nicht mehr um Gewinne, sondern nur noch darum, bei welcher Anlage wir am wenigsten verlieren. Mit guten Sachwerten können wir einigermaßen gelassen in die Zukunft blicken.

11. Mit Dividenden zum Wohlstand
oder
Papiere mit langer Ausschüttungshistorie – stressfreie Instrumente

Für Sparer ist die Situation in der Finanzgeschichte vergleichsweise neu, dass bei den »sicheren« festverzinslichen Wertpapieren so gut wie gar keine Zinsen mehr gezahlt werden. Wenn überhaupt noch etwas gezahlt wird, dann nur bei ausgesprochenen Langläufern, also bei Laufzeiten von zehn Jahren aufwärts. Dies birgt die Konsequenz in sich, dass solche Papiere im Kurs stark fallen werden, wenn nach fünf oder zehn Jahren die Marktzinsen doch einmal erhöht werden sollten.

Das Argument, das im Moment zugunsten solcher Anlagen ins Feld geführt wird, ist deren angebliche Sicherheit. Wir müssen allerdings der Tatsache ins Auge blicken, dass die Staaten angesichts der aktuellen Staatsverschuldungen mehr oder weniger umgehend einen Währungsschnitt, eine Währungsreform, einen Schuldenschnitt oder eine sonstige drastische Maßnahme inszenieren würden, wenn wesentliche Zinsanstiege erfolgen. Würde die Zinslast steigen, könnten Kapitaldienste nicht geleistet werden.

Da Anleihen ja jederzeit mit Aktien verglichen werden müssen, schauen wir uns die andere Seite der Medaille an. Lassen Sie uns insbesondere die Renditen und die Sicherheit von festverzinslichen Wertpapieren mit denen von Aktien vergleichen. Über die relative Sicherheit mag man streiten: Die Sicherheit der festverzinslichen Wertpapiere ist sofort dahin, wenn es zu einer Währungsreform, einem Schuldenschnitt oder dergleichen kommen sollte. Wie die Abwicklung dann im Detail gehandhabt würde, weiß derzeit vermutlich nicht einmal ein Finanzminister.

Schauen wir uns zum Vergleich ein paar Aktien näher an: Wir sehen, dass ein Konzern wie PepsiCo seit Langem Dividende bezahlt. PepsiCo wurde 1893 gegründet, die Firma ist heute weltweit die Nummer 2 nach dem Dauerrivalen Coca-Cola. PepsiCo stellt nicht nur Getränke her, sondern ist auch mit einer Palette von Knabberzeug am Markt vertreten. Gewinn und Umsatz wachsen regelmäßig mit bemerkenswerter Konstanz. Bei einem KGV von 24 und einer Dividendenrendite von 3 Prozent hat das Unternehmen auch unter Corona erstaunlich wenig gelitten.

Langfristige Prognosen sind bei festverzinslichen Wertpapieren insofern anders, als hier bestenfalls und maximal der eingesetzte Betrag zurückgezahlt wird und auf keinen Fall mehr. Dahingegen können wir bei Firmen wie PepsiCo oder der früher erwähnten 3M sowohl mit Kurssteigerungen als auch mit Dividendensteigerungen rechnen, zumindest dann, wenn die Konzerne so erfolgreich wirtschaften wie in den letzten 100 Jahren. Übrigens: Bei vielen Gesichtsmasken, denen wir in der Coronazeit begegnen, prangt unübersehbar das Logo »3M« auf der Vorderseite.

Die Ausschüttungen bei amerikanischen Konzernen erfolgen nicht immer, aber oft vierteljährlich. Für viele US-Bürger sind Dividenden ein wichtiges und regelmäßiges Zusatzeinkommen, um der Altersarmut zu entgehen. Bundesbürger wären gut beraten, sich auf diese Weise ein vergleichsweise sicheres Zusatzeinkommen zu generieren.

Noch länger als 3M bezahlt Procter & Gamble Dividende: Seit nunmehr 121 Jahren werden regelmäßig Ausschüttungen vorgenommen, wobei auch bei dieser Firma die Dividende in den letzten 40 Jahren jährlich gesteigert wurde. Auch hier ist kein Ende der erfolgreichen Geschäftsentwicklung abzusehen. Die Aktie überzeugt mit einer Dividendenrendite von derzeit mehr als 2,6 Prozent und weist ein vertretbares KGV von etwa 26 auf.

Die längste (mir) bekannte Dividendenzahlerin ist übrigens die Scotiabank aus Kanada: Seit ihrer Gründung im Jahr 1832, also seit 183 Jahren (!), zahlt die kanadische Bank regelmäßig Dividende, die im Übrigen niemals gekürzt wurde. In den letzten 50 Jahren wurde die Dividende insgesamt 48-mal gesteigert. Die Scotiabank hat ein KGV von derzeit rund 10 (Stand: Oktober 2020), ist also kostengünstig und weist eine Dividendenrendite von rund 6,2 Prozent auf. Sogar in der Finanzkrise im Jahr 2008 wurde die Dividende nicht gekürzt. Im Rahmen der Coronakrise leidet auch die Scotiabank. Die Bank ist jedoch schon früher mit vergleichbaren Problemen fertig geworden.

Auch in Deutschland finden wir mit Allianz, mit Munich Re, mit BASF oder Siemens zuverlässige Dividendenzahler, wenn auch nicht mit derart langer Historie wie in den USA.

Angesichts des makroökonomischen Umfeldes und der tiefen Zinsen ist es nachvollziehbar, dass das deutsche Börsenbarometer DAX sein Allzeithoch von rund 13.600 Punkten verlassen hat und am 18. März 2020 bis auf einen Stand von 8300 abgesunken ist. Bemerkenswert ist ein schneller Anstieg auf jetzt wieder über 12.000 Punkte. Manche sehen den DAX gegen Ende 2020 deutlich höher – Dr. Jens Ehrhardt sieht gar den Grundstock für eine Jahrhunderthausse gelegt.

Hierbei mag der tiefe Ölpreis eine Rolle spielen: Dieser erspart zwar dem europäischen Autofahrer bei jedem Tanken größere Ausgaben. Die Ölverkäufer jedoch, also die arabischen Staaten und einige Ölfirmen in sonstigen Ländern, leiden unter dem niedrigen Ölpreis und haben weit weniger Petrodollars zur Verfügung, die sie an den Aktienmärkten anlegen können. Wir erinnern uns, dass gerade die arabischen Staaten viel Geld in und bei deutschen Blue Chips angelegt haben. Das erklärt möglicherweise die Tatsache, dass trotz eines allgemeinen Anlagenotstandes die Aktienpreise – etwa verglichen mit Immobilienpreisen – immerhin noch vergleichsweise moderat sind.

Nicht überraschend wäre es allerdings, wenn hier vermeintlich plötzlich und unerwartet ein Umdenken stattfinden würde und sich alle Welt auf Dividendenpapiere stürzen würde. Dann sollten wir allerdings bereits investiert sein und nicht vor der Notwendigkeit stehen, Geld anlegen zu müssen – ein Luxusproblem angesichts der Tatsache, dass für viele Mitbürger eher die Altersarmut ein Thema ist.

Gute und frühzeitige Investitionen sollen aber gerade die Altersarmut verhindern und auch im höheren Lebensalter einen angemessenen Lebensstandard ermöglichen. Mit einer Handvoll von solchen ausgesuchten, zuverlässigen und soliden Titeln können wir sehr entspannt das Auf und Ab der Märkte verfolgen und müssen dabei nichts weiter tun als vielleicht – und nur bei günstigen Kursen – gelegentlich etwas nachkaufen.

Im Gegensatz zur Anlage in Immobilien können wir an den Aktienmärkten auch mit geringen Beträgen einsteigen und müssen und sollten auch niemals für unsere Aktienengagements Kredite aufnehmen – im Gegensatz zur Immobilienanlage ist das zum Glück auch nicht nötig.

12. Sind Aktien zu teuer?
oder
Vermeintlich versäumte Einstiegschancen

Das Jahresende 2018 war aus Sicht von vielen Börsianern verpatzt. Müssen wir das wirklich so sehen? Vor dem Crash wurden Aktien von vielen als zu teuer eingestuft. Jetzt – im November 2020 – sind sie durchwegs wieder halbwegs vernünftig bewertet, wenn auch nicht gerade billig. Als »Laienspieler« werden wir im Allgemeinen nicht in der Lage sein, Kursanstiege so zuverlässig zu prognostizieren, um davon zu profitieren. Die Profis sind allerdings auch nicht besser, und einige Hedgefonds haben sich mit der Wette auf das vermeintlich richtige Timing blutige Nasen geholt.

Wir können aber genauso wie ein Profi schauen, welche Unternehmen sich in den letzten Jahrzehnten gut geschlagen und eine zuverlässige Dividende gezahlt haben. Das ist eine ganze Reihe von Firmen.

Mit hinreichender Wahrscheinlichkeit, allerdings ohne absolute Sicherheit, können wir davon ausgehen, dass Firmen wie Siemens, Allianz oder Munich Re – um einige deutsche Firmen anzuführen – ihre Dividende allenfalls in Einzelfällen gesenkt, sie jedoch meistens gesteigert haben und vermutlich auch weiter so verfahren werden. Wir können genauso gut wie ein Finanzanalyst überlegen, ob die nächsten Jahrzehnte schwieriger sein werden als die letzten.

Tatsächlich spricht einiges dafür, dass die nächsten Jahre nach Überstehen von Corona eher besser werden: Entgegen den Kassandrarufen vieler Menschen wird die Welt hin und wieder besser: Die Anzahl der Hungernden scheint geringer zu werden, das Umweltbewusstsein wird größer, Diktatoren weltweit haben einen schwierigeren Stand. So gesehen ist es nicht überraschend, dass – global gesehen – der allgemeine Wohlstand eher ansteigt.

Das hat Auswirkungen auf die Märkte. Daneben wird trotz oder wegen der Flüchtlingskrise der Konsum angekurbelt, die Bürger weltweit essen mehr und besser. Im Gegenzug folgt daraus aber auch, dass Zivilisationskrankheiten wie Diabetes häufiger auftreten. Warum nicht aus diesem Grund in Unternehmen investieren, die sich die Bekämpfung des Diabetes zum Ziel gesetzt haben? (Allerdings hat auch eine Firma wie McDonald's ihren Gewinn im letzten Jahr deutlich um rund 10 Prozent gesteigert und deswegen eine enorme Kurssteigerung erfahren ...)

Ein hervorragendes Beispiel einer Firma, die die Volkskrankheit Diabetes im Fokus hat, ist die dänische Firma Novo Nordisk, die seit vielen Jahren ihre Anleger mit ständig steigenden Kurven verwöhnt. Die Aktie ist allerdings gemessen am KGV kaum teurer geworden. Besagtes Verhältnis kommt zwar nie richtig tief daher, aber seit Langem steigen Umsätze und Gewinne gleichmäßig, da erscheint ein KGV von rund 25 durchaus vertretbar.

Wer davon ausgeht, dass die Konsumneigung und der Bedarf an gutem Fisch zunimmt, der kann über das norwegische Unternehmen Mowi, früher Marine-Harvest, nachdenken, das in vielen Ländern Lachszucht betreibt und ebenfalls seit Jahren Umsatz und Gewinn steigert. Die Norweger schütten üblicherweise viermal im Jahr eine Dividende aus, die Dividendenrendite liegt bei mehr als 2,5 Prozent, Tendenz steigend.

Selten werden wir in der Lage sein, Kursraketen wie eine Apple-Aktie im Frühstadium zu erkennen und von einigen tausend Prozent Kurssteigerung zu profitieren. Offenbar können andere das aber auch nicht: Selbst hochgelobte Fondsmanager wie Edouard Carmignac, der vor Jahren überwältigende Erfolge einfuhr, ist wieder auf dem Boden der Tatsachen gelandet und erzielt kaum bessere Ergebnisse als wir Privatanleger.

Wenn wir als private Anleger – mit wenig Zeit – das »große Bild« betrachten, dann sind wir in einer Situation, die viele möglicherweise noch gar nicht richtig realisiert haben. Man muss ja jederzeit Aktien mit möglichen Alternativen und hier insbesondere mit Anleihen vergleichen. Die mickrigen Zinsen haben dazu geführt, dass Anleihen oder festverzinsliche Papiere wesentlich teurer sind als Aktien.

Wenn eine Anleihe mit 0,5 Prozent rentiert, dann ergibt sich daraus ein KGV von rund 200 (100 geteilt durch 0,5), wenn man von Nebenfaktoren wie Inflation und Steuern absieht. Im Vergleich dazu ist die Allianz-Aktie mit einem KGV von rund 10 unglaublich billig oder die genannte Anleihe etwa 20-mal teurer. Darüber sollte man nicht hinwegsehen.

Was die relative Sicherheit betrifft, können aus meiner Sicht Aktien durchaus mit Bankkonten mithalten – zumindest nach Einführung einer europäischen Einlagensicherung (mit deutlich vermehrtem Risiko für Bankkunden). Das gilt zumindest für Blue Chips, die wir hier öfter ansprechen, also beispielsweise Nestlé, Unilever, Roche und vergleichbare Werte. Dagegen müssen wir bei einem festverzinslichen Papier davon ausgehen, dass dessen Erträge irgendwann von Inflation und Steuern erodiert werden und dass es zusätzlich das Risiko eines Schuldenschnittes mit sich bringt.

Es wäre nicht verwunderlich, wenn nach »Durchleiden« einer Talsohle eine regelrechte Kaufpanik ausbrechen würde und sich die Anleger um gute Titel reißen würden. Wenn auch bei deutschen Anlegern die Überzeugung greift, dass Aktien kein Teufelszeug sind, sondern unentbehrliche Instrumente für eine funktionierende Wirtschaft, die zudem jederzeit gut handelbar sind, dann könnten die Indizes sehr schnell die alten Höchstmarken erreichen und übertreffen.

So gesehen wäre es nicht erstaunlich, wenn DAX & Co. demnächst trotz Coronadelle wieder deutlich höher schließen würden. Klug ist allerdings, wer vorher zu günstigen Preisen einsteigt.

Falls zudem noch der Dollar stärker wird in Relation zum Euro, dann gibt es noch »einen Schnaps obendrauf«, weil dann Anleger im Euroraum zusätzlich profitieren würden.

13. Sell in May and go away?
oder
Der Sommer als interessanter Einstiegszeitpunkt

Auch im Frühjahr 2020 wären die Kurse vermutlich wieder gestiegen, wenn nicht Corona gekommen wäre: Auch wenn alle möglichen Theorien zur Erklärung herangezogen werden, denken wir daran, dass Börse im Wesentlichen aus einem einzigen Prinzip besteht: Der Preis einer Aktie wird ausschließlich von Angebot und Nachfrage bestimmt. Weil im Mai und Juni besonders viele Dividenden ausgeschüttet werden und die Sommerpause noch entfernt ist, ruft dieses Geld danach, investiert zu werden – selbst in Coronazeiten.

Dabei waren die Preise für Aktien besonders im Euroraum im Sommer 2020 nicht übermäßig hoch: Der befürchtete Handelskrieg, den Trump möglicherweise anzuzetteln versuchte, war vom Volumen nicht so ausgeprägt, dass er die Welt in eine Rezession stürzen könnte, und die Spielchen zwischen den USA, Nordkorea und China deuteten eher in Richtung Entspannung. Auch Biden als neuer Präsident der USA wird sich stets den Realitäten beugen müssen und an der Realwirtschaft nicht vorbeikommen. Welche Partei auch immer den Präsidenten stellen wird, es erfolgt in aller Regel eine Annäherung zur politischen Mitte, extreme Positionen werden in aller Regel abgebaut.

Durch Corona ist es zu einem ausgeprägten V gekommen: DAX-Absturz bis 8200, der bis jetzt noch nicht wieder ganz aufgeholt ist. Ein Bärenmarkt ist derzeit eindeutig nicht erkennbar, das »V« war nach Ansicht von vielen Experten eine wunderbare Gelegenheit zum Einstieg.

Interessant erscheint, dass der erfolgreichste Investmentexperte aller Zeiten, Warren Buffett, sich – im zarten Alter von immerhin 89 Jahren – intensiv mit Apple-Aktien eingedeckt hat. Auf Buffett sollte man hören: Er liegt meistens richtig, so wahrscheinlich auch mit der Aussage, dass »Bitcoins Rattengift im Quadrat« seien und eine »Spekulationsblase, die zu einem bösen Ende führen wird«.

Gerade jetzt übrigens antwortet Buffett auf die Frage, wie er langfristig investieren würde, dass er derzeit Aktien gegenüber Anleihen bevorzugen würde. Bei der Entscheidung zwischen Aktien und langlaufenden US-Staatsanleihen würde er keine Sekunde zögern und bei den Aktien zugreifen.

Wenn der Euro gegenüber dem Dollar nachgibt, dann hat das für uns den angenehmen Nebeneffekt, dass die Kurse europäischer Firmen tendenziell steigen, weil die Firmen erfolgreicher exportieren können.

Bei Anlageentscheidungen kaufen wir dann US-Aktien eher teuer ein. Klugerweise sollten wir in solcher Zeit Titel aus dem Euroraum bevorzugen. Dabei bieten sich zwei Bereiche besonders an: Britische Aktien sind angenehm, weil jeglicher

Ärger mit der Rückholung der Quellensteuer wegfällt. Die Dividenden landen bereits versteuert auf dem Konto. Wenn wir uns zum Beispiel für Rio Tinto, einen breit aufgestellten Bergbaukonzern erwärmen, dann bekommen wir eine Dividendenperle mit einer Dividendenrendite von mehr als 5 Prozent und einem günstigen KGV von circa 10.

Bei boomender Weltkonjunktur und wachsender Weltbevölkerung werden die Produkte von Rio Tinto gebraucht. Die Finanzausstattung des Unternehmens ist dermaßen gut, dass auch weiterhin hohe Dividenden und Aktienrückkaufprogramme möglich erscheinen. Beim Kauf ist darauf zu achten, dass wegen der Quellensteuer die britische Variante mit der ISIN GB0007188757 oder der WKN 852147 gekauft wird. Der Brexit muss hier keine Sorgen bereiten, der Handelsplatz der Aktie liegt zwar in London, die Minen dagegen in Australien, sodass das Unternehmen von der »englischen Krankheit« kaum erfasst werden dürfte.

Auch russische Aktien sind ausgesprochen preisgünstig mit niedrigen KGVs und hohen Dividenden. Allerdings wird eine Quellensteuer einbehalten, die jedoch mit mäßigem Aufwand zurückgeholt werden kann. Russische Firmen bezahlen traditionell sehr gut und zuverlässig. Wegen des makroökonomischen Umfelds sind sie nicht sonderlich beliebt und daher für uns als Anleger von besonderem Interesse.

Wem britische oder russische Aktien als zu exotisch erscheinen, für den ist eventuell die Unilever-Aktie eine gute Alternative. Unilever ist gut aufgestellt in den Schwellenländern, das operative Ergebnis pro Aktie steigt zuverlässig an und damit auch die Dividende, die derzeit bei bemerkenswerten

3 Prozent liegt. Wie bei einer »Premiumaktie« üblich, liegt dabei das KGV mit circa 21 etwas höher ...

Sell in May? Nein! Besser buy and hold!

14. New Economy oder Old Economy?

oder

Müssen wir Trends rechtzeitig erkennen?

Altbacken oder progressiv?«, könnte man auch fragen – wir erinnern uns an die Zeit des Neuen Marktes um das Jahr 2000, als die klassischen Bewertungen nichts mehr galten und selbst Internetbuden, die nur Geld verbrannten, mit Höchstpreisen bezahlt wurden.

Solche Fallen und die Versuchung hineinzutappen treten regelmäßig auf: Wer vor 100 Jahren die Prognose tätigte, dass Autos eines fernen Tages in solcher Zahl produziert würden, dass sogar unsere Städte verstopft würden, hätte recht behalten. Hätte er seinerzeit in Autoaktien investiert, wäre er vermutlich auf die Nase gefallen.

Gleiches galt für den Solarhype: Auch wenn die Fotovoltaik heute eine immer größere Rolle spielt, fällt es schwer, eine Firma zu finden, die zuverlässig, nachhaltig und vor allem dauerhaft davon profitiert. Die deutschen Hersteller sind infolge der chinesischen Konkurrenz pleite, und bei den chinesischen Herstellern ist es noch nicht entschieden, wer das Rennen macht.

Generell gilt: Ist ein Thema erstmal durch Medien und die allgemeine Marktstimmung zum Hype geworden, dann wächst rasch so viel Konkurrenz heran, dass eventuelle Gewinnmargen sich nur mühsam entwickeln.

Die Gesetzmäßigkeiten an der Börse ändern sich nie, es wird immer und immer wieder das gleiche Spiel gespielt. Brett und Spielsteine sind nur manchmal etwas unterschiedlich verpackt.

Daher stellt sich die Frage: Welche Entwicklung ist am heutigen Tag so hochgespielt worden, dass man wegen zu hoher Kurse nur noch verlieren kann? Und wo finden wir das Gegenteil, dass das vernachlässigte Mauerblümchen, das solide arbeitet, Gewinne produziert und preiswert zu bekommen ist?

Ein aktuelles und »gehyptes« Thema ist die Elektromobilität, die künftig mit hoher Wahrscheinlichkeit eine große Rolle spielen wird. Elon Musk ist eine begabte visionäre Persönlichkeit, die mit PayPal, Space X und der Gigafactory in der Nevadawüste sowie mit seiner Fabrik in Brandenburg Beachtliches auf die Beine gestellt hat. Ob man deshalb aber die Tesla-Aktie kaufen muss, die Aktie eines Unternehmens, das bisher nur unerhebliche Gewinne gemacht hat und mit einem sehr hohen KGV sehr sehr teuer ist, sei dahingestellt.

Die Marktkapitalisierung von Tesla ist damit allmählich vergleichbar mit der von BMW, die bei rund 61 Milliarden liegt.

Allerdings kann man heute eine BMW-Aktie mit einem KGV von rund 8 und einer Dividendenrendite von rund 4,1 Prozent ausgesprochen günstig einkaufen. Deutsche Autohersteller wie Daimler, VW oder BMW sind im Moment ausgesprochen günstig, der Druck auf die deutschen Hersteller, in die neuen Technologien einzusteigen, ist so groß, dass dies wahrscheinlich auch geschehen wird. Dabei haben die deutschen Hersteller Logistik und Infrastruktur so aufgebaut, dass sie mit kommenden Herausforderungen wahrscheinlich gut fertig werden dürften.

Meine persönliche Wahl zwischen Tesla einerseits als Vertreter der New Economy und BMW/Daimler andererseits als Vertreter der Old Economy läge eindeutig bei BMW/Daimler, auch wenn die traditionellen Autobauer derzeit schwierigen Zeiten entgegensehen.

Übrigens plant der Ölgigant Royal Dutch Shell in Deutschland die Errichtung von 400 Wasserstoff-Tankstellen, weil er auf die Brennstoffzellentechnik setzt. Stellt sich da schon die Konkurrenz für die Elektromobilität auf?

Das wäre dann die Ballardpower-Aktie anstelle einer von Tesla. Die Firma hat eine neue Brennstoffzelle entwickelt, die ohne Edelmetalle auskommt. Wer es etwas weniger spekulativ mag, für den sind die Aktien von Linde oder Air Liquide eine sehr gute Alternative. Wer ein etwas höheres Risiko eingehen möchte, kann sich Aktien von NelAsa aus Norwegen, Powercell aus Schweden oder SFC Energy aus Deutschland ins Depot legen.

15. Schweinezyklus
oder
Ist das Ölzeitalter vorbei?

Hin und wieder sitzt die Welt – auch die Börsenwelt – katastrophalen Fehleinschätzungen auf. Wenden wir uns dem Öl zu. Vor nicht langer Zeit sprachen die selbsternannten Experten des »Club of Rome« vom Ende des Ölzeitalters und setzten den Peak-Oil, also den Höhepunkt der Ölförderung, auf das Jahr 2014 fest.

Diese Einschätzung war grundfalsch: Die geförderte Ölmenge steigt immer noch an, ein abruptes Ende der Förderung ist auch jetzt nicht in Sicht. Obendrein fallen die Preise für Öl zur Freude des Verbrauchers und zum Verdruss der Ölförderländer. Unser Mitleid hält sich dabei in engen Grenzen. Ums Öl wurden und werden Kriege geführt – wenn Öl weniger kostbar wird und alternative Energien auf den Markt drängen, dann rasseln arabische und amerikanische Potentaten hoffentlich etwas weniger mit dem Säbel.

Den alternativen erneuerbaren Energien müssen wir die Daumen drücken. Jeder Mensch muss die Möglichkeit haben, reine Luft zu atmen, und der Zugang zu sauberem Wasser muss auch für jeden gewährleistet sein. Dummerweise scheint die Ökobilanz der Elektromobile derzeit jedoch schlechter zu sein als die von guten Verbrennungsmotoren.

Trotzdem muss diese Schiene weiter bearbeitet werden – in der Hoffnung allerdings, dass der Verstand nicht an der Garderobe abgegeben wird und der Strom für die E-Mobile nicht womöglich aus schmutzigen Kohlekraftwerken bezogen wird.

Dieser Vorspann diente wesentlich dazu, kurz über Öl nachzudenken. Trotz des Siegeszuges der erneuerbaren Energien wird die Ölnachfrage auch bei deren unumstrittenem Erfolg in den nächsten Jahren ansteigen, weil die Weltbevölkerung wächst und global gesehen auch der Wohlstand größer wird. Man könnte geneigt sein, aus Umweltgründen aus Öltiteln auszusteigen, und wenn der Umwelt damit gedient wäre, dann müsste man das auch machen.

Auf der anderen Seite sieht bei Öl alles nach einem »Schweinezyklus« aus: Wegen der niedrigen Ölpreise investieren die Ölfirmen deutlich weniger, Öl-Vorkommen in schwierigen Lagen wie in der Arktis sind im wahrsten Sinne des Wortes und Gott sei Dank auf Eis gelegt. Bei steigender Nachfrage und reduzierter Förderung ist eine Trendwende wahrscheinlich. Aktuell sind wegen Corona der Flugverkehr, die Frachtschifffahrt und das individuelle Reisen stark beeinträchtigt. Wir haben deshalb ein Überangebot von Öl mit entsprechendem Preisverfall. Diese Situation wird sich mit Sicherheit auch wieder ändern, sobald der Impfstoff gegen Corona gefunden ist. Dann wird wieder mehr gereist, Kreuzfahrten werden nachgeholt und der Ölverbrauch wird ansteigen.

Damit sind wir bei Ölaktien: Ein Titel mit sehr hoher Dividende um die 4,5 Prozent ist Royal Dutch Shell. Die Dividende ist der Firma wichtig. Seit 1945 wurde bei Royal Dutch Shell die Dividende niemals gekürzt, sie ist dem Unternehmen geradezu »heilig«, auch wenn die Gewinne schon mal schwankten. Im Jahr 2020 wird allerdings die Dividende erstmals wegen eines Überangebotes von Öl gekürzt. Auch das wird sich wieder ändern, insbesondere weil das Unternehmen mittlerweile stark auf erneuerbare Energien setzt. Obendrein wird keine Quellensteuer einbehalten; nach Abzug der Abgeltungssteuer ist zumindest steuerlich alles erledigt«. In naher Zukunft sind höhere Einnahmen wahrscheinlich.

Die anderen Öltitel wie BP, Total oder Exxon zahlen kleinere Dividenden. Bei Total kommt das Ärgernis dazu, dass wir als Anleger die von den Franzosen einbehaltene Quellensteuer nur mit Mühe zurückholen können. In einer Zeit, in der europäische Kommissionen den Krümmungsgrad einer Salatgurke vorschreiben, ist der Umgang der französischen Behörden mit der Einbehaltung der Quellensteuer ein gesamteuropäisches Ärgernis. Wir haben keinen Grund, dem französischen Staat unsere Groschen zu überlassen.

Nur tote Fische schwimmen mit dem Strom – der Einstieg in die Ölbranche erscheint mir derzeit antizyklisch günstig und bei KGV-Werten um die 12 als nicht teuer – eine mehr als hochinteressante Alternative zu überteuerten Hightech-Titeln wie Netflix oder Nvidia.

16. Das makroökonomische Umfeld *oder* Wo lauern die Risiken?

Kommt 2020/2021 Panik am Markt auf? Diesen Eindruck könnte man gewinnen. Wenn derzeit über Anlagethemen gesprochen wird, hört man Gegensätzliches. Da sind Stimmen auf der einen Seite, die sich ganz sicher sind, dass die Aktienmärkte nach dem jüngsten Corona-Einbruch schon wieder zu hoch gestiegen sind und der nächste Crash demnächst ins Haus steht. Die andere Seite betont die gute wirtschaftliche Verfassung vieler Unternehmen.

Es stimmt, dass die Aktienmärkte neue Höchstmarken erreicht hatten. Wie es so schön heißt, wird die Luft allmählich dünner. Eine Korrektur oder auch ein veritabler Crash war im Bereich des Möglichen und wurde im Frühjahr 2020 dann durch Corona ausgelöst.

Ein Grund für eine gewisse Panikstimmung ist allerdings auch darin zu sehen, dass Alternativen rar werden beziehungsweise nicht vorhanden sind. In der EZB sind negative Zinsen mittlerweile angekommen. Interessanterweise können damit selbst diejenigen noch leben, die sich an vermeintlich Sicheres klammern möchten: Nur müssen die Betreffenden der Tatsache ins Auge blicken, dass vermeintlich Sicheres genau diese Sicherheit nicht bietet. Die allerorts hohen Staatsschulden können nicht beglichen werden, wenn nicht eine veritable Inflation diese einigermaßen entwertet. Die hohen Schulden sind nur dann bezahlbar, wenn via Inflation immer mehr Bürger höhere Steuern zahlen. Daher sprechen manche von einem Risiko ohne Rendite bei Anleihen und von Renditen mit geringem Risiko bei den Aktienmärkten – hier hat offenbar ein Paradigmenwechsel stattgefunden.

Volkswirtschaftlich sind hohe staatliche Schulden nicht so dramatisch, wie sie regelmäßig dargestellt werden. Sie werden nur dann zum Problem, wenn sie mit hohen Zinsen bedient werden müssen, die dann einen vergleichsweise hohen Teil der Staatseinnahmen ausmachen. Insofern ist es nur folgerichtig, wenn Zinsen sozusagen mit Gewalt künstlich niedrig gehalten werden.

Die jetzt für Sparer und Anleger zu niedrigen Zinsen festverzinslichen Wertpapiere bei gleichzeitig eher mäßiger Inflation haben den Effekt, dass eben dadurch staatliche Schulden weiterhin bedient werden können. Im Prinzip spielt die Höhe einer staatlichen Verschuldung kaum eine Rolle, wenn nur die Zinsen tief genug sind.

Die Zeche zahlt dann der Anleger in vermeintlich sicheren Anlageklassen. Denn einerseits bekommt er keine Zinsen und andererseits muss er trotzdem mit dem Risiko leben, dass eventuell früher oder später ein vermeintlich verrückter Politiker sich dafür stark machen könnte, einen Neuanfang zu machen.

Wie dieser Neuanfang im Detail aussehen könnte, darüber lässt sich nur spekulieren. Es wird auf die aktuellen Umstände ankommen. Manche Marktteilnehmer vertreten die Auffassung, dass Schulden bei Inflation sinnvoll sind. Das gilt jedoch nur dann, wenn man in Zeiten von Inflation auch eine Preissetzungsmacht hat. Den Preis festsetzen und diesen an die Inflation anpassen können Nahrungsmittelkonzerne (Unilever, Colgate) oder Pharmafirmen (Roche, Novartis). Schulden, die nicht bedient werden können, dürfen nicht gemacht werden.

Offensichtlich spüren manche die Vertracktheit der Situation und ändern ihr Anlageverhalten, indem sie Sachwerte favorisieren. An vernünftigen Sachwerten gibt es jedoch nicht viele. Auch bei längerem Nachdenken kommen wir auf die typischen Anlageklassen Immobilien, Gold und Aktien zurück, alles andere wie Unternehmensbeteiligungen, Holzfonds, Wälder, Schiffe et cetera sind riskant und erfordern besondere Aufmerksamkeit.

Unverändert gilt wie immer, dass mit Immobilien nur schwer Geld zu verdienen ist und besondere Sachkenntnis und besonderes Engagement vorhanden sein müssen. Von »Betongold« in manchen unattraktiveren Regionen Deutschlands kann auch bei gutem Willen nicht die Rede sein.

In der aktuellen Zeit geben auch Immobilienpreise nach, weil wegen der Coronakrise Arbeitsplätze unsicherer geworden sind und Kredite oft nicht mehr bedient werden können. Daher kommen mehr Immobilien auf den Markt, was deren Preise drückt. Auch der Glanz des Goldes ist eher blass. Es wirft nun einmal keine laufenden Erträge ab, und auch bei sehr langfristiger Betrachtungsweise ist ein Wertzuwachs nicht zu beobachten.

Damit kommen wir zu einem alten Mantra. Lassen wir Jeremy Siegel zu Wort kommen, Finanzprofessor von der University of Pennsylvania, der am Massachussetts Institute of Technology promoviert hat. Er sagt: »Die Überlegenheit der Aktien im Vergleich zu anderen Anlageklassen ist überwältigend. Stimmungsschwankungen der Investoren können Aktien ebenso wie politische und ökologische Krisen vorübergehend von ihrem langfristigen Weg abbringen. Aber die fundamentalen Kräfte, die Wirtschaftswachstum schaffen, führten stets zu einer Erholung der Aktien.«

So gesehen ist es unverständlich, wenn zumindest in der BRD die Anzahl der direkten Aktionäre gering ist: Diese Zahl liegt für 2020 bei circa 11 Millionen und liegt prozentual gesehen deutlich niedriger als in anderen Ländern. Damit steht eine Mehrheit der privaten Anleger der Aktie – unverändert – reserviert gegenüber, obwohl diese derzeit fast die einzige Chance auf einen realen Vermögenserhalt bietet.

Um allerdings davon profitieren zu können, muss der geneigte Anleger die »Schmerzen der Volatilität« aushalten; er muss es aushalten können und wollen, dass der Kurs seiner Unternehmen in Abhängigkeit von den teils erheblichen Stimmungsschwankungen der Märkte kräftig in die Knie gehen kann.

Man kann jedoch die Auffassung leben, dass man an der Börse durchaus nicht über Nacht reich wird und hektisches Trading oder Zockerei (wie bei einem bekannten Fußball-Funktionär) ebenfalls nicht ergiebig sind. Konsekutiv wird die Erkenntnis reifen, dass Geduld und etwas Hausaufgaben in aller Regel zu sehr erfreulichen Ergebnissen mit ordentlichen Dividendenerträgen und Kurssteigerungen führen werden. Dann kann daraus eine Altersvorsorge resultieren, die diesen Namen auch verdient.

17. Betongold – die sichere Alternative?
oder
Wenig Immobilie für viel Geld

Die Renditen von Immobilienanlagen werden allgemein überschätzt: Regelmäßig wird auf gewaltige Wertsteigerungen in Ballungsgebieten verwiesen, die sich dort – manchmal – ereignen. Weniger oft werden die »Storys« verbreitet, in denen ein Bekannter wieder mal stöhnt, dass erhebliche Renovierungs- und Reparaturarbeiten mal schnell eine ganze Jahresmiete auffressen. Dabei haben wir von Mietnomaden und ähnlichen Exzessen noch gar nicht gesprochen.

Die eigene Immobilie ist zwar »quite nice«, jedoch in vielen Fällen nichts anderes als eine Verpflichtung zum Sparen, weil man aus dieser Zwangsmühle nicht mehr rauskommt. Sie wird zum noch größeren Problem, wenn wegen Jobverlust oder Ehescheidung die finanzielle Situation angespannter wird und Kapitaldienste nicht mehr erbracht werden können.

Unterm Strich müssen wir festhalten, dass Einzelimmobilien für den Privatanleger im Rahmen einer Diversifikation möglicherweise begrenzt sinnvoll sind. Für den Immobilienerwerb Schulden zu machen, wird bei fremdvermieteten Immobilien von Banken und Steuerberatern akzeptiert. Dabei wird übersehen, dass Wohnungen und Geschäfte auch mal leer stehen können, Schulden aber weiter bedient werden müssen.

Damit befinden wir uns schon im Bereich der spekulativen Investments. Im Aktienbereich wäre ein solches Vorgehen eine Todsünde: Aktien dürfen niemals – und ich betone: niemals – auf Schuldenbasis mit Kredit gekauft werden. Mit Grausen erinnern wir uns an Hedgefondsmanager, die mit Krediten arbeiten und dabei oft genug das Geld ihrer Anleger in den Sand setzen. Es ist kein Unterschied, ob man Aktien oder Immobilien fremdfinanziert – im Unterschied zu Aktien erfährt man bei Immobilien nicht täglich, ob die Preise hinauf- oder hinuntergehen. Das erfährt erst, wer versucht, die Immobile zu veräußern – was oft genug nicht einfach ist.

Immobilienpreise steigen keineswegs immer. Die Preise für Immobilien bewegten sich zum Beispiel von 1995 bis 2011 bundesweit überhaupt nicht. Gleiches gilt für die Zeit von 1982 bis 1990. Laut *Focus Money* stiegen die Preise von 1970 bis 2017 nach Abzug der Inflationsrate gerade einmal um jährlich 0,6 Prozent – kein Grund für Freudensprünge bei einem derart unhandlichen Investment. Im Rahmen der Coronakrise kommen offenbar vermehrt Immobilien auf den Markt, weil die ursprünglichen Besitzer die Kreditkosten nicht mehr ausreichend bedienen können. Immobilien zu veräußern, ist in Krisenzeiten wie jetzt noch schwieriger als sonst.

Immobilien für den Privatanleger sind gleichwohl nicht tabu: Man sollte diese jedoch möglichst den professionellen Anlegern überlassen. Eine Immobilienaktie dagegen können wir von heute auf morgen per Knopfdruck versilbern. Bei ausgesuchten Titeln finden sich angenehme Renditen: so zum Beispiel beim DAX-Mitglied Vonovia: Bei einem vertretbaren KGV von 22 erhalten wir eine Dividende von 2,6 Prozent.

Von Interesse sind auch die sog. REITs (Real Estate Investment Trusts.). Diese sind gehalten, circa 90 Prozent Ihres Gewinnes als Dividende auszuschütten. Damit ergibt sich zum Beispiel beim Alstria Office REIT eine Dividende von 4,1 Prozent bei einem KGV von 19 oder alternativ bei der Hamborner REIT eine Dividende von 5,1 Prozent bei einem KGV von rund 30. Bei manchen Immobilienaktien gibt es obendrein und zusätzlich noch eine steuerfreie Ertragsgutschrift.

Wer immer eine »bequeme Anlage« sucht, der wird sich doch keine Immobilie ans Bein binden! Gerade Menschen, die bequem und stressfrei investieren möchten, kommen vielmehr an Aktien nicht vorbei. Deren Erträge landen – bereits versteuert – auf dem Konto. Weiterer Aufwand ist nicht erforderlich, außer vielleicht, um sich irgendeine ausländische Quellensteuer zurückzuholen.

Offenbar ist die Aktienanlage ein »süßes Geheimnis«, das wir für uns behalten sollten. Denn wenn sich alle Welt wieder mal auf Aktien stürzen sollte, wie das alle paar Jahre vorkommt, dann gehen deren Preise durch die Decke. Die Angsthasen, die sich nicht getraut haben, schauen dann den verlorenen Chancen hinterher wie einem Zug, den sie gerade so verpasst haben.

18. Benzin, Elektroantrieb, Wasserstoff – wie soll's denn weiterlaufen?

oder

Welche Art von Mobilität wollen wir?

Hierzulande finden sich kaum Tankstellen für Elektromobile, obwohl diese mit geringem Aufwand installiert werden könnten. Um das komplette Bundesgebiet mit Stromzapfsäulen auszurüsten, wären weit weniger Milliarden nötig als zum Beispiel für die Großbaustelle Stuttgart 21.

Wenn wir allerdings sehen, dass Elektroautos mit vergleichsweise geringem Aufwand zusammengeschraubt werden können, dann könnten andere Ideen aufkeimen. Bei der Elektromobilität sind die deutschen Autobauer weit abgeschlagen hinter China.

Wenn man die Alternative Wasserstoff-Technologie anschaut, dann sieht alles anders aus: Es könnten zum Teil die gleichen Produktionsstraßen verwendet werden, die gleichen Zulieferer würden benötigt, die Bundesbürger müssten sich kaum umstellen. Das Tanken ginge so schnell wie jetzt, und die Reichweite wäre ähnlich wie bei jetzigen Autos.

Im Übrigen scheint nach aktuellem Erkenntnisstand der »ökologische Fußabdruck« der Elektromobile keineswegs günstig, wenn der benötigte Strom zu erheblichen Teilen aus dem Abbau von Braunkohle gewonnen würde. Der Break-even-Point von Elektromotoren wird derzeit bei jenseits von 200.000 Kilometern angesetzt. Zu denken ist dabei an die umweltschädliche Gewinnung der Grundmaterialien für die Batterie und deren aufwendige Entsorgung.

Bei Verwendung der Brennstoffzellentechnik bliebe so gesehen für den Verbraucher alles beim Alten. Einige technische Probleme müssten gelöst werden, das scheint zu klappen.

Möglicherweise wird hierzulande die Elektromobilität im wahrsten Sinne des Wortes »ausgebremst«, um der Brennstoffzellentechnik noch etwas Zeit einzuräumen. Für die Umwelt und für die Verbraucher muss das kein Schaden sein: Beim Wasserstoffbetrieb fallen nach aktueller Erkenntnislage kaum Umweltschäden an, anscheinend nicht mehr als bei Elektroautos. Wichtiger noch: Die technologische Führerschaft bliebe im Lande.

Von der geopolitischen Interessenlage werden die USA diese Entwicklung gut finden, ebenso wie die großen Automobil- und Ölkonzerne, die aus diesem Grund im Jahr 2015 den Verbund H2 Mobility gegründet haben. Der Rückenwind seitens der großen Konzerne und damit auch vonseiten der Politik ist somit eher gegeben als bei der Elektromobilität. Auffällig ist die Tatsache, dass Wasserstoffaktien sich in den letzten

Monaten gegen den allgemeinen Markttrend deutlich nach oben entwickeln.

Die Motivation, die Wasserstofftechnologie weiterzuentwickeln, wird bei den westlichen Konzernen überaus groß sein, weil sie ansonsten von den »Billigschraubern« aus China und Südkorea sehr schnell vom Markt verdrängt würden. Die westlichen Konzerne – und auch unsere Autokanzlerin – werden sich daher aller Voraussicht nach mit Händen und Füßen gegen ein schnelles Vordringen der Elektromobilität wehren.

Eine Feststellung scheint allerdings sicher: Die Zeit, in der Autos mit Benzin oder Diesel fahren, neigt sich dem Ende entgegen. In diesem Zusammenhang ist es interessant zu erfahren, dass sich der norwegische Staatsfonds, der größte Staatsfonds weltweit, von den fossilen Energien im November 2017 offiziell verabschiedet hat. Bereits im September 2014 hat die Familie Rockefeller erklärt, dass sie sich von ihren Ölinvestitionen trennen und ihr Geld lieber in erneuerbare Energie stecken wolle – ausgerechnet die Familie, deren märchenhafter Reichtum auf der Ausbeutung von Ölquellen beruht!

Wer diesen Überlegungen folgen will, könnte über folgende Aktien mit Wasserstoffaffinität nachdenken:

- Linde/Praxair (Geschäftsmodell: aus Luft Geld zu machen)
- Air Liquide aus Frankreich
- Ballard Power aus Kanada
- Nel Asa aus Norwegen
- SFC Energy, ein deutscher Nebenwert mit Sitz in Bayern

In diesem Fall könnten wir mal den Großen folgen – auch wenn diese nicht immer recht haben: Es gilt, weniger in Öl und stattdessen mehr in erneuerbare Energien zu investieren.

19. Die Treffsicherheit von Börsengurus
oder
Wem kann man glauben?

Es ist gegen die menschliche Natur, sich mit Unsicherheit zu befassen. Viele Menschen geben sehr viel dafür, die Unsicherheit auch nur ein klein wenig zu reduzieren. Laut Warren Buffett ist daher die Unsicherheit der Freund des Langfristinvestors, weil die Mitbürger viel zu viel dafür bezahlen, um ein wenig mehr Gewissheit zu erreichen.

Im medizinischen Bereich ist es unbedingt anzustreben, mit reproduzierbaren Ergebnissen zu arbeiten. An den Märkten ist das nicht möglich. Börsengurus kommen jedoch vermeintlich dem intensiven Wunsch ihrer Anhänger nach, Unsicherheit zu reduzieren. In fataler Weise fühlt man sich an den Autofahrer erinnert, der lieber mit einer falschen Straßenkarte fährt als ganz ohne.

Wenn daher jemand wie der Guru Marc Faber immerzu von einem bevorstehenden Crash warnt, dann wird Faber irgendwann wahrscheinlich recht haben – genauso wie eine stehengebliebene Uhr zweimal am Tag die richtige Zeit anzeigt. Allerdings hätte man in den letzten 30 Jahren das eigene Kapital vervielfachen können, wenn man einfach – lang positioniert – in soliden Titeln investiert gewesen wäre.

Selbst ein außerordentlich erfolgreicher Spekulant wie George Soros musste mit Fehlspekulationen leben. Das war zum Beispiel im Aktiencrash von 1987 der Fall; mit 200 Millionen Verlust gehörte er damals zu den größten Verlierern. Auch 1987 verlor er durch Fehleinschätzungen viele Millionen mit US-Anleihen. Trotzdem ist er unterm Strich ein ausgesprochen erfolgreicher Investor. Vielleicht müssen wir zur Kenntnis nehmen – wie der berühmte Bestsellerautor Robert T. Kiyosaki sinngemäß feststellte: »Wer niemals ein Risiko eingeht, wird immer arm bleiben; wohlhabend wird nur, wer beherzt auch überschaubare Risiken eingeht.«

Tatsächlich müssen wir zur Kenntnis nehmen, dass auch die Portfolios hochgejubelter Fondsmanager regelmäßig nicht gut performen. Denken wir nur an den bekannten Fondsmanager Edouard Carmignac und an seinen Fond Carmignac Patrimoine. Dieser hatte vor Jahren tatsächlich einen guten Lauf, ist in den letzten Jahren aber auf bestenfalls durchschnittliches Niveau abgesunken. Das ist insofern beruhigend für andere Geldmanager, als auch Edouard Carmignac über keine Kristallkugel verfügt, mit der er die Zukunft vorhersagen könnte.

Wir kommen zurück zur Erkenntnis: Wir dürfen zufrieden sein, wenn wir die allgemeine Marktrendite erzielen – die im Übrigen sehr gut ist. Eine Überrendite werden wir nur dann erzielen können, wenn wir mehr wissen als der Markt – was üblicherweise nicht der Fall ist. Da Fonds Kosten produzieren, werden Fonds in aller Regel schlechter sein als der allgemeine Markt und auch schlechter als der Privatanleger, der sich in effizienten Märkten tummelt und im Wesentlichen die Füße still hält. Das haben zahlreiche Statistiken nachgewiesen.

Damit kann die erfolgreiche Strategie des Privatanlegers darin bestehen, geduldig gute Unternehmen zu akkumulieren und möglichst nichts zu machen, außer gelegentlich Zukäufe zu tätigen. Das ist im Übrigen die einzige Strategie, die wir auf Dauer durchhalten können. Während die Anzahl von erfolglosen Investmentfonds unüberschaubar ist, ist die Zahl der für uns infrage kommen Unternehmen durchaus übersichtlich. Bei längerem Anlagehorizont ist dabei der von uns bezahlte Preis oder Kurs nicht sehr bedeutsam.

Auch jetzt im Herbst 2020 erscheinen mir übrigens Pharmatitel wie Roche, Novartis, Amgen oder auch Johnson & Johnson als nicht sehr teuer, gemessen an den Kennzahlen.

20. Wie gehen wir vor bei »Anlagebedarf«?
oder
Welche Strategie ist die beste für die Märkte?

Bei der Frage nach der besten Strategie ist man geneigt zu antworten: »Gar keine.« Man hat dabei stets die Schlaumeier im Kopf, die teils abstruse Strategien im Brustton der Überzeugung als optimal vorstellen.

Tatsächlich gibt es die eine optimale Strategie nicht: Unterschiedliche Strategien bieten sich je nach Kompetenz und Einsatzbereitschaft des Anlegers an. So unterscheiden sich Empfehlungen vom André Kostolany und Warren Buffett in einem Punkt überhaupt nicht: der angestrebten Haltedauer, die möglichst lang sein sollte. Bekannt ist das berühmte Bonmot von »Kosto«: »Kaufen Sie Aktien, nehmen Sie Schlaftabletten und schauen Sie die Papiere nicht mehr an. Nach vielen Jahren werden Sie sehen: Sie sind reich.« Das Gleiche meint Buffett, der die Frage nach der Haltedauer so beantwortet: »Im Prinzip für immer.« Beide Investoren haben auch die Auffassung gemeinsam, dass man sich innerhalb seines Kompetenzkreises bewegen und sich nicht auf heiße Tipps einlassen soll.

Durch die Finanzpublikationen schwirren eine Reihe von Tipps, die angeblich zu schnellem Reichtum führen. Sie steigern wohl eher die Auflage, als die Chance auf eine erfolgreiche Geldanlage zu erhöhen. Wer viel Engagement einbringen will, kann sich die Strategien meiner erst kürzlich verstorbenen Börsenfreundin Beate Sander überlegen: Frau Sander brannte für das Thema, sie war mit ihrer Hoch-/Tief-Mutstrategie ausgesprochen erfolgreich und wies möglicherweise eine bessere Performance auf als Warren Buffett. Diese Strategie setzt jedoch eine ständige Beobachtung der Märkte in einem Ausmaß voraus, bei dem die meisten Privatanleger nicht mithalten können.

Damit bleibt für Privatanleger mit begrenztem Zeithorizont nur die nachfolgende Strategie: Jeder von uns kann sich alljährlich einige Unternehmen sehr genau ansehen und sich dann nach Studium der Kennzahlen für einen Einstieg entscheiden. Dabei sollten mindestens das Kurs-Gewinn-Verhältnis (KGV), das Kurs-Buchwert-Verhältnis (KBV), das Kurs-Umsatz-Verhältnis (KUV), das operative Ergebnis je Aktie der letzten Jahre herangezogen werden – und ebenso eine Einschätzung des Geschäftsmodells. Die Charttechnik sollte nur deshalb beachtet werden, damit man nicht gerade in eine »Fahnenstange« hinein einkauft, wenn die Kurse senkrecht nach oben gehen – wir denken dabei an den Spruch von Kierkegaard »Das Leben muss von rückwärts verstanden werden, aber nach vorne gelebt werden«.

Jeder von uns kann sich im Laufe eines Jahres einige Unternehmen auf diese Weise sehr genau ansehen, dann investieren und die betreffenden Aktien geduldig akkumulieren. Dieses Vorgehen wird bei der Finanzindustrie nicht auf Ge-

genliebe stoßen, weil vergleichsweise wenig Transaktionen stattfinden und die anfallenden Kosten (und damit die Verdienstmöglichkeiten von Banken und Fondsgesellschaften) gering sind. Nach einem langen Investorenleben ist das für mich die Methode der Wahl für Privatanleger mit begrenztem Zeitvolumen.

Völlig allein stehe ich dabei nicht: Der von mir sehr geschätzte Investor Gerd Kommer spricht sich ebenfalls für eine konsequente »Buy-and-hold-Politik« aus, genauso wie der Investor Jochen Brandmaier vom Stuttgarter Aktienclub. Sein Team ist hervorragend informiert und liefert ausgezeichnete Grundlagen für die Auswahl von erfolgreichen Unternehmen.

In einem anderen Punkt bin ich völlig einig mit Beate Sander, für die die Faustregel völliger Quatsch war, wonach der Aktienanteil 100 minus Lebensalter betragen sollte. Denn die jungen Leute haben noch kein Geld für Aktien, die Älteren dagegen haben meist Zeit und Geld, um sich ausreichend um die Anlage zu kümmern.

Der von mir ebenfalls hochgeschätzte Ken Fisher spricht sich ebenfalls für einen hohen Aktienanteil aus und vertritt die Auffassung, dass das Geld ab einem bestimmten Vermögen ganz überwiegend in Aktien angelegt werden sollte.

Falls zum Schluss jemand fragt, was denn die beste Aktie der Welt sei, dann muss die Antwort heißen: »Das wüssten wir alle gerne!« Aber mit soliden Titeln wie 3M, Nestlé, Unilever, Procter & Gamble et cetera im Depot sollte uns diese Frage keine schlaflosen Nächte bereiten. Wir müssen nur abwarten.

21. Warum Anleger Geld verschwenden
oder
Die Kunst des preiswerten Einstiegs

Was würden wir von einem Mitbürger halten, der bereitwillig für ein Objekt ein Vielfaches des verlangten Preises bezahlen würde? Ein solcher Mitbürger ginge zum Beispiel ins Café, würde sich einen Espresso bestellen, der normalerweise 2 Euro kostet, und dann sagen, ihm sei der Espresso viel zu billig, er wolle dafür 40 Euro auf den Tisch legen. Oder beim Kauf eines E-Bikes, das 2000 Euro kosten soll, würde er mitteilen, er hätte so viel Geld, dass er gerne den 20-fachen Preis, also 40.000 Euro, bezahlen würde. Einem solchen Mitbürger würden wir vermutlich den wohlgemeinten Rat geben, er solle sich in der nächsten Psychiatrie eingehend untersuchen lassen.

Wo finden wir solche Mitbürger? Wir finden sie häufig beim Blick in den Spiegel! Das in festverzinslichen Wertpapieren angelegte – »gebunkerte« – Geld übersteigt die Menge des in Aktien angelegten Geldes um ein Vielfaches.

Damit landen wir bei dem Begriff KGV oder Kurs-Gewinn-Verhältnis. Es besagt, wie viel Geld man bereit ist für 1 Euro oder Dollar Gewinn zu bezahlen. Zum Beispiel können wir uns 1 Euro Gewinn bei der Allianz für etwa 10 Euro kaufen: Die Allianz hat ein KGV von etwa 10 und erwirtschaftet damit etwa 1 Euro Gewinn. Bei dem Unternehmen McDonald's zahlen wir für einen Gewinndollar etwa 20 Euro, bei der Firma Amazon etwa 50 Dollar, bei der russischen Firma Gazprom nur circa 6 Dollar.

Bei einer 0,5 Prozent Anleihe benötigen wir 100 Euro für 50 Cent Gewinn, mithin 200 Euro um einen einzigen Euro an Gewinn zu vereinnahmen. Das KGV einer solchen Anleihe liegt damit bei etwa 200 (!) und ist damit 20-mal (!!!) höher als bei der Allianz oder zehnmal höher als bei McDonald's.

Warum um Gottes willen sind Anleger bereit, für den gleichen Gewinn 20-mal mehr zu zahlen? Es besteht kein Unterschied zu dem Mitbürger, der für seinen Espresso unnötige 40 Euro bezahlt oder für sein E-Bike 40.000 Euro.

Bevor wir solche Mitbürger zum Fall für die Psychiatrie erklären, müssen wir jedoch fragen, ob es vielleicht handfeste Gründe gibt für solches Verhalten.

Ein Grund ist die angebliche Sicherheit der festverzinslichen Wertpapiere oder Spareinlagen bei Banken. Hier müssen wir jedoch als Gegenargument anführen, dass Deutschland in den letzten 100 Jahren zweimal pleite war, was einen kompletten Verlust des Geldvermögens bedingte. Sowohl im Jahr 1923 als auch 1948 wurden Geldvermögen de facto entwertet. In den vergangenen 200 Jahren war Deutschland sogar insgesamt siebenmal zahlungsunfähig.

Bei der aktuellen wirtschaftlichen Situation in Europa, die gekennzeichnet ist durch einen fragilen Euro, durch wirtschaftliche schwache Südländer, durch den Brexit und durch Staatsverschuldungen in nie gekanntem Ausmaß, wäre es vermessen, dem Euro und dem Bargeld eine lange sonnige Zukunft zu prophezeien. Sicherlich kam es in der Vergangenheit auch zu Börsencrashs – allerdings erholten sich die Börsen früher oder später bisher immer, wohingegen Geldwerte nach einer Staatspleite für immer »futsch« sind.

Ein weiterer Grund ist die angeblich bessere Verfügbarkeit. Auch das stimmt nur bedingt. Denn Festgelder werden meist mittelfristig angelegt, und Sparbücher schreiben eine Kündigungsfrist vor.

Im Gegensatz dazu können Aktien per Knopfdruck in beliebiger Stückzahl verkauft werden.

Bei einer Festgeldanlage oder beim Sparbuch bekommt man vereinbarungsgemäß maximal den investierten Betrag und den festgelegten Zins zurück.

Im Falle von soliden Aktien wird man in aller Regel nach einiger Zeit höhere Ausschüttungen einfahren als zu Beginn der Anlage. Des Weiteren ist bei soliden Titeln in aller Regel mit erheblichen Gewinnsteigerungen zu rechnen.

Quintessenz: Nur Super-Super-Reiche können sich eine extrem teure Anlage zu einem Festzins leisten – sie bezahlen dafür ein Vielfaches dessen, was notwendig wäre.

22. Börse
oder
Wie ich lernte, den (Corona) Crash zu lieben

Corona ist eine Erkrankung, die nach Erkenntnislage häufig vergleichsweise harmlos oder sogar ohne jegliche Symptome verläuft, allerdings bei rund 5 Prozent der Infizierten mit sehr schweren Verläufen einhergeht. Derzeit besteht die Strategie darin, die Anstiegskurve der Infizierten abzuflachen, damit die Krankenhäuser nicht unter dem Ansturm von Erkrankten zusammenbrechen.

Unstrittig ist die Tatsache, dass durch die Maßnahmen gegen die Erkrankung bereits jetzt schwerste wirtschaftliche Schäden entstanden sind. Immer häufiger wird die Frage gestellt, ob die Krankheit oder die Eindämmung derselben mit Lockdown und konsekutiver Vernichtung von unzähligen Existenzen mehr Schaden anrichtet.

Seien wir froh, dass nicht wir diese Entscheidungen treffen müssen! Es ist auf jeden Fall eine Entscheidung zwischen Scylla und Charybdis mit unausweichlichen Kollateralschäden. Am Rande sei angemerkt, dass der Politiker, der sich jetzt als gekonnter Macher inszeniert, gute Aussichten auf eine Kanzlerkandidatur haben wird – wie seinerzeit Helmut Schmidt beim Elbhochwasser.

In diesem Umfeld lohnt es sich, einen nüchternen Blick auf unsere Anlagen zu werfen: Dem Anschein nach haben wir im Frühjahr 2020 an den Aktienmärkten ein »V« oder ein »U« erlebt, also einen raschen Absturz und danach ein zügiges Wiederansteigen der Kurse. Dafür spricht der Umstand, dass die Wirtschaft vor der Coronakrise einigermaßen rundlief, die Aktienmärkte keineswegs überteuert waren – und weit entfernt von Euphorie.

Trotz der zweiten Welle kann man mit den Herausforderungen umgehen. Die Vermeidung eines flächendeckenden, lang anhaltenden Lockdowns hat dabei hohe Priorität. Die Börse nimmt immer Entwicklungen vorweg, sie schaut in eine Zukunft von jenseits etwa sechs bis zwölf Monaten. In dieser Zeit ist jedoch sowohl mit Impfstoffen als auch mit zuverlässigen Schnelltests zu rechnen, sodass die Situation besser handhabbar werden wird. Dazu kommen erhebliche Nachholeffekte, zwar nicht in jedem Bereich, aber sogar der Tourismus wird sich auf Sicht von ein bis zwei Jahren wieder erholen.

Die Coronakrise ist mithin ein »exogener Schock«. Sie ist aber keine strukturelle Verwerfung. Aus diesem Grund steigt die Wahrscheinlichkeit erheblich an, dass die Wirtschaft bald wieder anspringt und die Produktion wieder aufgenommen wird.

Tatsächlich sollte Corona zu diversen Lerneffekten führen: Wir sollten lernen, nicht ungestraft in die Habitate von anderen Lebewesen einzudringen. Die Abholzung der Regenwälder bringt uns in Kontakt mit Mikroben, an die wir nicht adaptiert sind. Durch ungezügelte Fernreisen werden Mikroben in kürzester Zeit über die Erde verteilt. Auch muss nicht jeder Schulabschluss mit einer Fernreise ans andere Ende der Welt belohnt werden.

Weiter müssen wir unsere Medikamente vermehrt hierzulande produzieren. Dies erscheint einerseits geboten, um Abhängigkeiten zu verringern, und andererseits sinnvoll, weil durch Produktion zum Beispiel in Indien ohne besondere Standards eine Unmenge an resistenten Keimen produziert wird. Dagegen gehen uns die wirksamen Medikamente aus.

Zur jetzigen Situation passt die nachfolgende Scherzfrage ganz gut: »Was ist der Unterschied zwischen Herpes und ewiger Liebe?« Antwort: »Herpes ist für immer!« »Für immer« sind auch Pharma- und Konsum-Aktien. Manche Investmentexperten sprechen vom sogenannten Kondratjew-Zyklus, der die Gesundheit zum Thema hat.

Zum Hintergrund: Laut dem russischen Ökonomen Nikolai Kondratjew vollzieht sich die Wirtschaftsentwicklung in Zyklen, die jeweils durch bahnbrechende Innovationen in Gang gesetzt werden. Der erste Zyklus begann mit der Dampfmaschine, der zweite mit der Eisenbahn und ihrem flächendeckenden Ausbau. Den dritten Zyklus setzten Neuerungen in Elektrotechnik und Chemie in Gang, den vierten Kernenergie, integrierte Schaltkreise, Transistoren und das Automobil. Der fünfte Zyklus schließlich wurde durch die IT initiiert. Dass der sechste Zyklus auf den Fortschritten im Gesundheitswesen fußt, ist zumindest denkbar.

Zwei Aktien gefallen mir persönlich im Moment gut. Das ist einmal die Pharma-Aktie Bristol-Myers Squibb, die sich intensiv um die Entwicklung von innovativen Medikamenten kümmert. Diese Aktie ist erstaunlich preiswert mit einem KGV von etwa 9 und einer Dividende von etwa 3 Prozent.

Die andere Aktie kommt aus dem Konsumbereich: In die Kraft-Heinz-Aktie (jeder kennt Heinz-Ketchup) hat Warren Buffett erheblich investiert. Durch Corona ist dieser Titel erneut billiger geworden mit einem KGV von 12 und einer Dividendenrendite von rund 5 Prozent.

Ein geneigter Leser fragte an, ob bei einer Bankenpleite denn auch Aktien-Depots gefährdet wären? Sie sind es nicht! Aktien sind treuhänderisch verwaltetes Vermögen. Sie gehen im Falle einer Bankenpleite an den Besitzer; er kann sie sich einfach auf ein anderes Depot übertragen lassen. Sorgen machen dürfen wir uns über alles Mögliche wie den Euro, über Inflation, über die populistischen Strömungen in Italien, England, den USA und anderen Ländern – aber ausgesuchte Aktien sind vermutlicher sicherer als die meisten Rentenansprüche...

23 »The next big thing«?
oder
Ist es besser, nur auf Altbewährtes zu setzen?

Regelmäßig wird reflektiert, was aus früheren Empfehlungen wurde und welche Investments vielversprechend sein könnten. Intensiv wird überlegt, welche Trends im Kommen sind und wo es angebracht erscheint, möglichst frühzeitig zu investieren.

Diese Überlegungen sind gefährlich: Hätte man uns vor 100 Jahren mitgeteilt, dass dereinst Autos in so großer Zahl gebaut würden, dass sie Straßen und Städte verstopfen, und hätte man seinerzeit in angesagte Autofirmen investiert, dann wären große Enttäuschungen eingetreten: Selbst im Rückblick war mit Autotiteln wenig Geld zu verdienen. Na ja, vielleicht klappt es ja demnächst mit dem Trend Wasserstoff und Aktien wie Linde, Air Liquide oder Ballard Power.

Vor einiger Zeit hat der Wirtschaftsexperte Jeremy Siegel die IBM-Aktie mit der Aktie von Philip Morris verglichen. Tatsächlich war die IBM-Aktie lange Zeit sehr beliebt mit dem Effekt, dass sie eigentlich immer teuer war. Im Gegensatz dazu war die Gesamtperformance der unbeliebten Philip-Morris-Aktie deutlich besser.

Oder denken wir an die Entwicklung von Solaraktien. Nach anfänglicher Euphorie ging es mit den meisten Werten rapide abwärts. Heute sind die meisten der einst hochgelobten Firmen nicht mehr existent.

Ganz ohne Frage hätten wir gerne Amazon, Microsoft, Nvidia, Nemetschek, Varta und Ähnliche im Frühstadium erkannt. Wir können aber auch sehen, dass es neben den Startups, die »durchkommen«, viele Unternehmen gegeben hat, die sich nicht mehr am Markt finden. Das gilt auch für die Digitalisierung, die sicher kommen wird. Welche Firmen allerdings überleben werden, das ist offen. Die Frage ob da die Microsoft-Aktie (KGV 22) oder die Nvidia-Aktie (KGV38) die bessere Wahl ist, lässt sich nicht pauschal beantworten. Ich persönlich würde die altbewährte Microsoft vorziehen.

Gleiches gilt für die aktuelle Ernährungsrevolution: Kaum jemand isst noch »normal«. Die Palette der Ernährungsgewohnheiten reicht von vegetarisch – oder besser vegan – über glutenfrei bis hin zu lactosefrei. Es gibt alle Varianten.

Aber bevor wir in eine Beyond-Meat-Aktie mit einem KGV von 252 (!) einsteigen, sind wir vermutlich besser beraten, stattdessen die Nestlé-Aktie mit einem KGV von 24 und einer Dividendenrendite von circa 3 Prozent zu kaufen. Auch eine McDonald's-Aktie mit einer seit Jahrzehnten stetig steigenden Dividende erscheint da besser.

Ab und zu dürfen wir uns an den Klassiker unter den Kaufmannsweisheiten erinnern: »Der Gewinn liegt im Einkauf.« Unter diesem Gesichtspunkt erscheint auch eine Amazon-Aktie mit einem KGV von rund 60 unverhältnismäßig teuer. Wir denken an den Spruch: »Andere Mütter haben auch schöne Töchter.« Das bedeutet übertragen auf den Onlinehandel, dass auch bei Amazon die Bäume nicht in den Himmel wachsen und die Konkurrenz nicht schläft.

So hat ein vermeintlich langweiliger Konsumgüterkonzern wie Procter & Gamble im vergangenen Jahr eine stolze Rendite von fast 30 Prozent hingelegt und obendrein eine ordentliche Dividende ausgeschüttet. Diese Rendite wurde im Übrigen seit Jahrzehnten nie gesenkt!

So richtig antizyklisch sind ja derzeit die Ölaktien und Energietitel: Royal Dutch Shell wies zuletzt ein KGV von 11 auf; die Dividendenrendite lag bei knapp über 6 Prozent. Das erinnert an Philip Morris, eine Aktie, die ja seinerzeit so verteufelt wurde wie heute das Öl. Es wäre nicht überraschend, wenn Öltitel wie »Phönix aus der Asche« wieder aufsteigen, obwohl die moralischen Instanzen wie der Norwegische Staatsfonds und die Nachhaltigkeitsfonds sich aus dem Öl zurückziehen und die Kurse von Energieaktien fallen. Trotz des Erfolges der erneuerbaren Energien wird der Ölbedarf in den nächsten Jahren noch zunehmen, während gleichzeitig die Exploration der großen Ölfirmen zurückgefahren wird. Das sollte mittelfristig einen Anstieg des Ölpreises zur Folge haben.

Das sei alles ohne jede Wertung formuliert. Aber es lässt erkennen, dass selbst Ölförderer wie die oben erwähnte Royal Dutch Shell ihre Hausaufgaben teilweise schon gemacht haben und ihren Umsatz zu großen Teilen mit erneuerbaren Energien generieren.

24. »Das Rezept für schnellen Reichtum«
oder
Wie man so richtig verarmt

Tatsache ist, dass die richtig großen Reichtümer an der Börse durch den Einsatz von Hebeln geschaffen werden – oder im Crash.

Vor einigen Jahren wurden bevorzugt Versorgeraktien (EON, RWE und vergleichbare Titel) auf Kredit gekauft. Die Rechnung lautete – und lautet mit geringer Variation auch heute noch: Liegen die Kreditzinsen bei 2 Prozent und liegt die Dividendenrendite bei 4 Prozent, macht das 2 Prozent Gewinn. Mit dem geliehenen Geld ließ sich auf diese Weise die Eigenkapitalrendite nach oben hebeln. Es wurden erhebliche Beträge eingesetzt. Größtenteils auf Kredit wurden die betreffenden Aktien gekauft. Wie sich die Situation nach Fukushima entwickelte, wissen wir: Die Kurse der Versorgeraktien sind abgestürzt – wer sich mit großen Beträgen engagiert hatte, sitzt auf uneinbringlichen Verlusten, während die Kredite weiterliefen.

In einer Zeit des billigen Geldes ist die Versuchung noch größer: Bei Zinsen um den Nullpunkt brennt es unter den Fingern, hohe Einsätze zu riskieren und auf Kredit vermeintlich todsichere Aktien zu kaufen. Bei Konsumtiteln wie Unilever, Colgate, Procter & Gamble et cetera sollte ja eigentlich alles rundlaufen, oder?

Wir hatten im Frühjahr 2020 eine handfeste Korrektur – zu einem ausgemachten Crash hat es nicht ganz gereicht – und sehen möglicherweise noch nicht das Ende der Fahnenstange: Selbst große Unternehmen wie die Ikone der amerikanischen Industriepolitik, General Electric, sind schon abgestürzt; viele weitere Titel mit hohen KGVs haben ebenfalls stark verloren. Einen doppelten Effekt sehen wir bei Kraft Heinz. Zunächst stürzte der Kurs aus luftigen Höhen wegen des Vorwurfs von Bilanzmanipulation ab, dann kam der Titel wegen der Coronakrise noch zusätzlich unter Druck. Das sind zwei starke Effekte bei einem Konsumtitel, der jetzt sehr billig daherkommt. Warren Buffett ist mit vielen Milliarden unverändert investiert. Hier besteht möglicherweise ein starkes Aufwärtspotenzial, das sich aus den beiden genannten Quellen speist, wenn an den Ursachen des Absturzes gearbeitet wird.

Kommt der Crash denn nun oder kommt er nicht? Max Otte schreibt davon in seinem neuen Buch *Weltsystemcrash*, und die beiden Dauercrashpropheten Matthias Weik und Marc Friedrich neigen ohnedies dazu, auf Aktien zu verzichten und stattdessen Ackerland zu bewirtschaften. Beruhigend erscheint die Tatsache, dass ein Crash wahrscheinlich dann nicht kommt, solange alle davon reden. Die Befürchtungen sind dann »eingepreist«, und Aktien erscheinen im Vergleich zu anderen Anlageklassen derzeit ohnedies nicht überteuert. Laut Ken Fisher ist es im Moment »eine wunderbare Zeit, Aktien zu kaufen«.

Da ist es auch angebracht, wieder einmal die Ansichten des Finanzprofessors Jeremy Siegel in seinem Buch *Ewige Aktien* nachzulesen oder sich auf YouTube seinen Beitrag »Stocks in the Long Run« anzuhören. Auch das Statement eines anderen Investmentprofis (John Kenneth Galbraith) gefällt uns: »Es ist nicht gefährlich, mit dem Paternoster durch den Keller zu fahren, nur aussteigen sollte man da nicht.«

Wenn wir schon bei berühmten Leuten sind, dann halten wir uns gerne an Warren Buffett, der den Zinseszins als das achte Weltwunder bezeichnet. Tatsächlich vollzieht sich der Vermögenszuwachs nicht linear, sondern exponentiell, wenn Dividenden regelmäßig wieder angelegt werden und bei guten Firmen die operativen Gewinne von Jahr zu Jahr steigen. Dieser Weg ist sicherer in Richtung Wohlstand als die Nutzung von Hebeln und der Kauf von Wertpapieren auf Kredit.

Auch Marktzyklen lassen sich sehr gut nutzen: Der bekannte Frontmann der etablierten Private-Equity-Firma Oaktree, Howard Mark, schreibt, dass die Märkte wie ein Pendel hin- und herschwingen. Mit dieser Volatilität muss ein Anleger leben – mit effizienten Märkten haben wir es nicht zu tun!

In der Spätphase eines Börsenzyklus darf man wählerischer sein – wobei europäische Aktien günstiger sind als amerikanische. Derzeit gefallen mir die Aktien von Allianz, Munich Re, Fresenius oder SAP.

Es könnte sein, dass die Kurse in den nächsten Monaten kräftig steigen, weil durch das andauernde Gerede vom Crash viele Angsthasen nicht investiert sind und jetzt steigenden Kursen hinterherhecheln. Zudem muss sich eine Reihe von

Hedgefonds eindecken, die auf fallende Kurse gewettet hat – da können wir uns als Privatanleger beruhigt zurücklehnen ...

25. Crash – ein Sprung aus dem Fenster?

oder

Keep calm!

Von manchen wurde das insgeheim herbeigesehnt: Die Indizes sind im Frühjahr 2020 so stark gefallen, dass wir von einer veritablen Korrektur sprechen können. Wir dürfen gespannt sein, ob diejenigen, die auf einen Kursrücksetzer gehofft und darauf gewartet haben, jetzt tatsächlich einsteigen. Das Prinzip »Buy low, sell high« ist zwar einfach, wird aber oft nicht umgesetzt, weil Kurse nur dann niedrig sind, wenn die allgemeine Nachrichtenlage fürchterlich ist oder wenn apokalyptische Szenarien an die Wand gemalt werden.

An klassische Weisheiten dürfen wir uns jetzt erinnern: so an diejenige der Pariser Börse: »Fluctuat, nec mergitur.« (»Sie schwankt, aber sie geht nicht unter.«) Trotz massiver Schwankungen wird die Börse eben nicht untergehen, sondern immer wieder auferstehen. Die andere Weisheit ist mindestens so bedeutsam: »Große Vermögen werden im Crash gemacht.«

Wer das von uns bisher empfohlene Vorgehen mitgetragen hat, muss sich »eigentlich« über tiefe Kurse freuen: Wir sind keine Trader, die von häufigem Kauf und Verkauf leben, sondern Langfristinvestoren, die – wie Warren Buffett das formuliert – unsere Titel im Prinzip für immer halten. So besteht zum Beispiel kein Grund, eine Aktie wie 3M, die seit rund 120 Jahren (!!!) immer Dividende gezahlt und niemals abgesenkt hat, jemals zu verkaufen. 3M fertigt übrigens unter anderem Schutzmasken und Schutzanzüge neben den jedem von uns bekannten gelben Post-it-Notizzetteln.

Nicht nachvollziehbar ist auch, dass wunderbare Titel wie Pepsi-Cola oder Colgate-Palmolive heute, Stand Oktober 2020, circa 20 Prozent tiefer notieren als vor etwa vier Monaten. So sehr hat sich die Welt auch unter Corona nicht geändert: Wir dürfen getrost davon ausgehen, dass weiterhin gegessen wird und weiterhin Zähne geputzt werden. Wenn wir Panik und Hysterie beiseiteschieben, sehen wir klar: Die aktuellen Kursrückgänge sind bei manchen Titeln schlichtweg nicht nachvollziehbar.

Oft wird die Börse als effizient beschrieben. Sie ist es nicht! Während ich diese Zeilen schreibe, zeigt sie eine ausgeprägte Volatilität, die manchen beunruhigen könnte. Das Gegenteil sollte der Fall sein: Volatilität ist der Preis für Rendite und auch der Grund, weshalb viele am Aktienmarkt nicht investiert sind. Sie fürchten sich vor dessen Schwankungen. Wäre allerdings keine Volatilität vorhanden, wären Aktien auch weitaus teurer.

Bei längerfristiger Betrachtungsweise, jenseits von etwa zehn bis 15 Jahren, sind diese Schwankungen erheblich geglättet. Im Ergebnis zeigt sich eine ausgesprochen komfortable Marktrendite. Vielleicht sehen wir schon wieder ganz andere Werte am Erscheinungstag dieses Buches. Jedenfalls dürfen wir die Effizienzmarkttheorie vernachlässigen zugunsten der Auffassung des praktisch veranlagten André Kostolany, der sagte: »Börse ist zu 90 Prozent Psychologie.« Der gleiche Kostolany sagte auch: »Gewinne an der Börse sind wie Schmerzensgeld. Erst kommen die Schmerzen und dann das Geld.« Wir können das nachvollziehen: Es kostet derzeit Überwindung, nach starken Kursverlusten und sehr volatilen Märkten zu investieren. Nochmals sei Warren Buffett zitiert, von dem der Ausspruch stammt: »Sei ängstlich, wenn andere gierig sind, und sei gierig, wenn andere ängstlich sind.«

Die unlängst verstorbene, bundesweit bekannte Börsenexpertin Beate Sander schrieb: »Crash ist gut für Leute mit Mut.« Für junge Leute mit langem Anlagehorizont gibt es nichts Besseres, als zu solchen Zeitpunkten günstig einzukaufen.

Es gibt keine längeren Anlagezeiträume – jenseits von zehn bis 15 Jahren – in denen Aktien keine positive Rendite gebracht hätten. Das könnte auch für ältere Investoren eine wichtige Erkenntnis sein. Angesichts der makroökonomischen Großwetterlage – Stichwort Staatsverschuldungen, mögliche Staatsbankrotte, Austritt Italiens aus der EU, Schuldenschnitte et cetera – sind die solidesten Blue Chips vielleicht noch sicherer als größere Cash-Bestände.

Übrigens hat in diesen Tagen die früher erwähnte beschriebene Royal Dutch Shell einen Riesensprung von 30 Prozent (nach oben!) gemacht und zudem eine veritable Dividende ausgeschüttet.

Schlusswort
oder
Wie ich lernte, den Crash zu lieben

Im Jahr 2007 schloss Warren Buffett eine berühmte Wette ab: Er wettete mit hervorragenden Hedgefonds-Managern (das sind die Leute, die Anlegern eine Rendite von »sicheren« 20 Prozent versprechen, diese jedoch sehr selten erreichen; die Manager müssen das versprechen, damit ausreichend viele Leute in ihre überteuerten Fonds investieren), dass es Ihnen nicht gelingen würde, den S&P-Index im Verlauf von zehn Jahren zu schlagen. Die Wette ging klar zugunsten von Buffett aus.

Die Schlussfolgerung kann lauten: Privatanleger, die sich einige Grundsätze aneignen, sind erfolgreiche Anleger. Jeder Privatanleger kann sich im Laufe eines Jahres zwei oder drei Unternehmen sehr genau ansehen, in deren Aktien investieren und – wie Buffett so schön sagt – diese im Prinzip für immer behalten.

In wenigen Fällen muss ein Privatanleger verkaufen. Am ehesten ist aus steuerlichen Gründen ein Verkauf notwendig, dann nämlich, wenn ein Spin-off durchgeführt wird und das Finanzamt – nach einer nicht nachvollziehbaren Logik –

den Spin-off-Anteil als steuerlichen Zufluss wertet, der dann voll der Steuer unterliegt. Das geschah etwa, als sich AbbVie von Abbott oder Alcon von Novartis abspaltete. In diesem Fall muss man verkaufen und eventuell nach dem Spin-off erneut einsteigen.

Wenn Privatanleger nicht in Fonds investieren, sondern selbst entscheiden und über eine Direktbank Aktien kaufen, dann entstehen fast keine Transaktionskosten. Sie haben von daher einen deutlichen Renditevorsprung, der umso bedeutsamer ist, als rund 80 Prozent der aktiven Fonds den Index üblicherweise NICHT schlagen – und wenn Transaktionskosten einberechnet werden, dann ohnehin nicht. Die meist etwa 2 Prozent an laufenden Kosten, die ein aktives Management pro Jahr verlangt, schmälern die Rendite eines Fonds auf jeden Fall erheblich, mag er auch sonst erfolgreich sein.

Die Dividendenrendite eines üblichen Depots liegt oft bei etwa 3 Prozent, beim Portfolio dividendenorientierter Anleger noch höher. Bei einem Investment in aktive Fonds bedeutet dies, dass von 100 Euro Dividende etwa 60 Euro an den Fondsmanager abgegeben werden müssen. Das kann zwar gerechtfertigt sein, wenn dieser in Bereichen tätig ist, wo Informationen schwer zu bekommen sind, etwa bei kleinen Spezialwerten oder bei Aktien in Schwellenländern. Derlei Kosten sind aber auf keinen Fall gerechtfertigt bei einem Fonds, der indexnah investiert. Denn hier macht sich der Manager womöglich nur wenig Arbeit und tauscht lediglich der Optik wegen einige Titel im Vergleich zum Index aus.

Privatanleger haben oft ein besseres Durchhaltevermögen als Profi-Anleger, weil sie weniger öffentlichem Performance-

Druck ausgesetzt sind. Sie wissen, dass Crashs oft nach erstaunlich kurzer Zeit wieder vorbei sind. Üblicherweise dauert eine Hausse ja deutlich länger als eine Baisse. Im Anschluss an eine Baisse werden in der Regel frühere Allzeithochs sogar übertroffen.

Nach den letzten Crashs in diesem Jahrtausend, also denjenigen aus den Jahren 2003, 2008, 2018 und 2020 gab es immer wieder eine zuverlässige Erholung. Die Welt ist nicht in sich zusammengestürzt. Wer beherzt bei tiefen Kursen zugegriffen oder zumindest seine bestehenden Depotpositionen nicht verkauft hat, kann sich heute auf einem komfortablen finanziellen Polster ausruhen. Selbst bei einem der bekanntesten Crashs in der Börsengeschichte, dem holländischen Tulpencrash im Jahr 1637, war die Welt nach wenigen Jahren bereits wieder im Lot. Irrational war es sicherlich, als damals eine einzige Tulpenzwiebel für umgerechnet 87.000 Euro verkauft wurde. Eine solche Manie ist aber heute definitiv nicht zu erkennen.

Insbesondere jüngere Anleger sollten sich an den Gedanken gewöhnen, dass die Börse immer zwischen Boom und Crash schwankt und sich nur selten in einer komfortablen Mittellage aufhält.

Wir sind zwar optimistisch für das weitere Weltgeschehen – wir erleben höheren Wohlstand, demografischen Wandel, weniger Kriege, geringere Luft- und Wasserverschmutzung etc. – aber dieser Wandel verursacht ein gewisses Unbehagen und manche Industrien werden ihn auch nicht überleben. Zu diesem Thema empfehle ich wärmstens das Buch des jüngst verstorbenen schwedischen Gesundheitsexperten Hans Rosling, *Factfulness*. Er thematisiert diese Veränderungen und schreibt objektiv und faktenbasiert gegen einen weitverbreiteten Pessimismus und oft vorhandene Vorurteile an.

Die Marktteilnehmer sind erfreulicherweise – zumeist – ein kritisches Publikum. Daher werden Aktien besonders in entwickelten Märkten häufig zutreffend eingestuft – auch wenn es da Ausnahmen gibt, von denen der erfahrene Anleger besonders profitieren wird. In den letzten Jahren erscheinen mir Aktien angesichts des makroökonomischen Umfeldes und extrem tiefer Zinsen eindeutig nicht überbewertet. Angesichts dieses Niedrigzinsumfeldes und der relativen Unsicherheit von Währungen sind aus meiner Sicht die Anteile von soliden Unternehmen angemessen bewertet, durch den neuerlichen Crash haben viele Unternehmen ein noch höheres Potenzial, zumindest dann, wenn die Corona-Folgen ausgestanden sind, was früher oder später der Fall sein wird.

Vielleicht geht es manchem geneigten Leser ähnlich wie mir: In meiner 50-jährigen Investorentätigkeit in allen möglichen Bereichen habe ich viele Fehler gemacht. Sämtliche Fehler konnte ich durch überlegtes Anlegen in Aktien erfolgreich ausbügeln.

Im Aktienbereich ist Deutschland noch eine Wüste. Das hat nicht nur Nachteile: Titel aus Deutschland oder aus dem Euroraum sind günstiger als zum Beispiel amerikanische Aktien. Das birgt allerdings die Gefahr, dass ausländische Investoren sich bei europäischen Firmen einkaufen und mitbestimmen wollen und werden.

Tragen Sie, liebe Leser, durch Ihr Interesse an wirtschaftlichen Themen dazu bei, dass das zarte Pflänzchen der Aktienkultur gehegt und gepflegt wird. Es ist ganz bestimmt in Ihrem eigenen Interesse und im Interesse aller Mitbürger. Wie schon ausgeführt, leben wir alle – ob uns das gefällt oder nicht – ausschließlich von unseren Unternehmen, wenn sie denn Gewinn erwirtschaften.

Ihnen, liebe Leser, wünsche ich daher ein gutes Händchen und den Mut für gute und überlegte Anlageentscheidungen.

Literaturverzeichnis

Buffett, Warren: Fundamentale Investmentgeheimnisse, FBV 2020

Carlisle, Tobias E.: Im Einkauf liegt der Gewinn, Börsenmedien Kulmbach 2020

Eckert, Georg: Die Privatanlegerbibel, FBV 2018

Eisenhower, Alexis: Überrendite, FBV 2017

Elsässer, Markus: Des klugen Investors Handbuch, FBV 2016

Fisher, Ken: Das zählt an der Börse, FBV 2007

Fisher Ken: Kasse statt Masse, FBV

Galbraith, John Kenneth: Spekulationsblasen, Börsenbuchverlag 2020

Graham, Benjamin: Intelligent investieren, FBV 2013

Greenblatt, Joel: Das Geheimnis erfolgreicher Anleger, Börsenbuchverlag 2012

Marks Howard: Das Geheimnis der Marktzyklen, Börsenbuchverlag 2020

Kommer, Gerd: Die Buy-and-Hold-Bibel, Campus 2008

Kommer, Gerd: Souverän investieren mit Indexfonds & ETFs, Campus 2018

Lynch, Peter: Der Börse einen Schritt voraus, Börsenbuchverlag 2017

Möbius, Mark: Die Wahrheit über Inflation, FBV 2019

Müller, Dirk: Machtbeben, Heyne 2018

Otte, Max: Weltsystemcrash, FBV 202

Rosling, Hans: Factfulness, Ullstein Verlag 2019

Sander, Beate: Die besten Aktienstrategien für Profis, FBV 2018

Sander, Beate: Das große Buch der Börsenkolumnen, FBV 2019

Siegel, Jeremy: Aktien für die Ewigkeit, FBV 2016

Siegel, Jeremy: Überlegen investieren, FBV 2008

Slater, Robert: Die 24 Geheimnisse des George Soros, Ueberreuter 1998

Stelter, Daniel: Eiszeit in der Weltwirtschaft, Campus 2016

van Vliet, Tim: High Returns from Low Risk, FBV 2017